20대라면 떠나라

올댓 워킹 홀리데이

20대라면 떠나라

초판 인쇄일 2017년 2월 13일
초판 발행일 2017년 2월 20일

지은이 김태형
발행인 박정모
등록번호 제9-295호
발행처 도서출판 혜지원
주소 (10881) 경기도 파주시 회동길 445-4(문발동 638) 302호
전화 031) 955-9221~5 **팩스** 031) 955-9220
홈페이지 www.hyejiwon.co.kr

기획 · 진행 김형진
디자인 김성혜
영업마케팅 김남권, 황대일, 서지영
ISBN 978-89-8379-922-7
정가 13,500원

Copyright © 2017 by 김태형 All rights reserved.
No Part of this book may be reproduced or transmitted in any form,
by any means without the prior written permission on the publisher.

이 책은 저작권법에 의해 보호를 받는 저작물이므로 어떠한 형태의 무단 전재나 복제도 금합니다.
본문 중에 인용한 제품명은 각 개발사의 등록상표이며, 특허법과 저작권법 등에 의해 보호를 받고 있습니다.

이 도서의 국립중앙도서관 출판시도서목록(CIP)은 서지정보유통지원시스템 홈페이지(http://seoji.nl.go.kr)와
국가자료공동목록시스템(http://www.nl.go.kr/kolisnet)에서 이용하실 수 있습니다.(CIP제어번호: CIP2017000385)

20대라면 떠나라

올댓 워킹 홀리데이

혜지원

머리말

이 책은 단순히 워킹홀리데이 비자를 안내하는 책이 아닙니다. 비자획득 방법이나, 단편적인 정보는 인터넷이나 다른 여러 경로를 통해 얼마든지 찾아볼 수 있습니다.

이 책은 삶에서 가장 중요한 이벤트인 '젊은 시절의 떠남'에 관한 책입니다. 청춘의 시기, 왜 떠나보아야 하는지, 떠남은 무엇을 위한 것인지, 돌아옴 이후에는 무엇이 달라져야 하는지 삶에 관한, 그리고 인생에 관한 책입니다.

그 '떠남'이라는 내용에 워킹홀리데이라는 형식을 입힌 것은 지금 이 시대 가장 보편적인 청춘의 떠남이 워킹홀리데이 비자로 떠나는 것이기 때문입니다.

그저 스마트폰으로 페이스북을 훑어 올리듯 그렇게 읽혀지기를 바라지는 않습니다. 워킹홀리데이 준비부터 돌아온 이후까지 그때그때 날카롭게 적용되는 것을 느끼며 찬찬히 묵상하듯 읽혀진다면, 그리고 실천되어 진다면 좋겠습니다.

잃어가던 활력을 되찾고 다시금 행복하게 목표를 세우고 청춘답게 살아간다면 좋겠습니다. 그리하여 훗날 이 책과의 만남이 최고의 행운으로 기억된다면 정말 좋겠습니다.

저자 김태형

PART 01
무조건 떠나라!

목차

- 머리말   4

01	무조건 떠나라!	12
02	다시 태어난다는 것	17
03	언어라는 도구	21
04	고민? 개나 물어 가라지.	24
05	일단 떠나라.	27
06	부모를 떠나라.	31
07	친구를 떠나라.	35
08	한국을 떠나라.	39
09	지금 20대의 힘겨움	42
10	고통과 자유	46
11	별 인생 없다. 세상 구경하기	50
12	놀 시간이 없다.	54
13	저성장 시대를 대비하자.	57
14	낮은 자존감 극복	61
15	성공이 아닌 성장	65
16	역사 속의 떠남	67
17	아무 생각 없이	70

PART 02
워킹홀리데이 비자와 현지생활

01	워킹홀리데이란?	76	12	언어란 무엇인가?	125
02	워킹홀리데이를 위한 변호	79	13	여행, 발자국만 찍더라도	129
03	워킹홀리데이 비자 사용법	83	14	공부, 홀로 있는 시간	135
04	지금 시대의 워킹홀리데이란?	86	15	졸업장 받기	139
05	정상과 비정상 구분하기	89	16	정보는 현지에	141
06	워킹홀리데이 비용	93	17	나는 충분히 불편한가?	145
07	부익부 빈익빈, 언어잠복기	97	18	전 세계에 내 친구를	148
08	출국 전 2달 공부	100	19	음식, 관계 맺기의 도구	151
09	출국 초 2달 공부	104	20	봉사, 인성과 스토리	153
10	일자리 FAQ	110	21	점 연결, 세렌디피티	157
11	숙소, 여행자의 마인드로	120			

PART 03

국가별 워킹홀리데이

01	워킹홀리데이 출국 현황	164
02	워킹홀리데이 출국 준비	167
03	정보 변동, 신체검사	171
04	호주	173
05	캐나다	176
06	일본	180
07	독일	182
08	뉴질랜드	184
09	영국	187
10	홍콩	190
11	아일랜드	192
12	프랑스	194
13	대만	196
14	이탈리아	198
15	네덜란드	200
16	덴마크	202
17	스웨덴	204
18	헝가리	206
19	오스트리아	208
20	체코	210
21	포르투갈	212
22	벨기에	214
23	이스라엘	216
24	칠레	218
25	미국	220

PART 04
워킹홀리데이를 마치고

01	떠남과 변화	226
02	진정한 언어 성공	228
03	꿈 지금 : 돈	230
04	공백 기간, 워킹홀리데이+α	233
05	애국심과 세계시민의식	240
06	자기 자랑과 십자가의 길	243
07	불안과 안빈	247
08	공정과 꼼수	251
09	교만과 겸손	254
10	평화와 발전, 남북화합	257
11	새로운 시대, 새로운 인간	261

PART 01
무조건 떠나라!

01 무조건 떠나라!

인생의 단계별로 여러 통과의례가 있습니다. 출생, 명명, 질풍노도기, 성인, 출가, 결혼, 출산, 자녀 양육, 죽음 등. 이 중 삶에서 가장 중요한 통과의례 하나를 꼽으라면 단연 '20대의 떠남'을 꼽을 수 있습니다. 젊은 시기의 떠남은 삶 전체의 다른 시기를 수식하는 가장 의미 있는 성장의 시기가 될 수 있기 때문입니다.

다음 몇 개의 후기를 통해 20대의 떠남이 인생에서 어떤 의미가 될 수 있을지 살펴보겠습니다.

1.

제 나이 또래에 마음은 있지만 쉽게 결정을 못 내리는 친구들, 무엇인

가에 묶여있고 망설이고 있는 친구들, 군대 막 전역하고 나와서 갈피를 못 잡는 친구들. 정말 모든 친구들을 위해 제가 가진 경험들과 너무 소중한 기억, **제 인생의 너무나 아름다운 페이지들**을 보여주고 들려주고 싶네요.

꼭 나오라고, 꼭 나와서 정말 이 멋진 것들을 경험하라고, 지루하고 갑갑하고 스트레스 쌓이는 그곳보다 이곳엔 이렇게 멋지고 신나는 것들이 많이 있다고, 나도 처음에는 그대들과 같았다고, 그대도 내가 그랬던 것처럼 나오겠다는 강한 마음만 있으면 된다고……

2.

'늦게라도 하는 것이 안 하는 것보다 낫다.'는 저의 신념은 해외 생활을 통해 확실히 굳어진 저만의 좌우명이 되었습니다. 또한, 직접 경험하는 것이 최고의 인생 공부이고, 자기 자신에게 떳떳할 수 있는 힘이라고 느꼈습니다. 워킹홀리데이를 통해 한국이 아닌 해외에서 스스로 돈을 벌며 생활비를 충당하고 여행까지 한 경험은 앞으로 만나게 될 수많은 위기와 도전을 감당해 낼 수 있는 밑거름이 될 것이라고 생각합니다.

3.

이 잊지 못할 추억을 제 인생의 한 부분으로 안고 살아 갈 수 있다는 것 자체가 정말 큰 행운인 것 같습니다. **잃어가던 활력도 되찾고 지금은 정말 행복하게** 목적을 가지고 다시 생활을 하고 있습니다.

4.

제 글을 보고 계신 분들은 앞으로 **황홀한 소설 속 주인공이 될 거예요.**

불안하시죠? 아마 저처럼 처음으로 외국을 나가보는 분들은 더 떨리고, '나 같이 영어도 못하는 사람이 과연 잘할 수 있을까?'하는 불안감이 자신을 옭아매는 느낌일 거예요. 하지만, 여러분 역설적이게도 더 불안해하시고, 더 고민하세요!

5.

어학연수와 워킹홀리데이 도전으로 인해 과거 '토익 500점, 수능 외국어영역 5등급, 외국인만 보면 멀리 도망을 가던 저 자신'은 이제 온데간데없고, 세계를 가슴으로 호흡하며 다양한 대륙에 친구를 둔, **꿈 많은 25살 청년**이 되어 이 글을 쓰고 있습니다.

6.

외국생활을 하면서 그들의 매너와 여유 있는 생활을 보고 느끼며 우리나라에서 팍팍하게 경쟁하며 살아가는 이 시스템이 답답하게도 느껴졌습니다. 외국에 갔다 오니 아무래도 한 발짝 떨어져 우리나라를 객관적으로 관망할 수 있게 되었습니다. 저는 해외도전을 다녀온 것을 단 한 치도 후회하지 않습니다. 저에게 영어는 덤이요, 그보다 백배는 더 큰 경험을 갖게 해준 **제 인생의 진정한 클라이맥스**였습니다.

모두 20대의 떠남에 대해 인생 최고의 경험이자 가장 행복한 순간이었음을 고백하고 있습니다. 물론 누구나 다 이 같은 경험을 하는 것은 아니지만, 이 책에서 안내하는 기본적인 준비와 마음가짐을 갖춘다면 누구나 이 이상으로 감격의 언어를 토로하게 될 것입니다.

20대의 떠남은 이렇듯 인생의 다른 시기의 어떠한 통과의례보다 성장과 행복에 큰 의미가 있습니다. 다른 시기를 살아낼 밑바탕이 되며, 인생에서 터닝포인트의 반전을 이룰 계기가 됩니다.

떠남은 주저할 것이 아니라, 무조건 실천되어야 할 뿐입니다. 태어나고 자라나는 것과 같이 너무도 당연한 통과의례이기 때문이며, 인생의 다양한 측면의 손익계산서에서 손해 날 것이 없기 때문입니다.

20대라면 무조건 떠나보아야 합니다.

떠남은 현실 도피 내지는 책임 회피와는 다른 것이다.
자신에게 주어진 부담을 못 이겨서 도망하는 것과도 다르다.
또한, 이것은 단순히 물리적인 환경 변화인 이사하는 것만을 의미하지 않는다.

우리의 옛 삶, 익숙해진 세계관, 오랜 시간 젖어온 가치관, 구습(舊習)과 옛 태도로부터 떨어져 나오는 것이다.

경우에 따라서는 고정된 사회적 틀이나 일상으로부터의 벗어남을 의미할 수도 있다.

왜냐하면 종종 이러한 일상의 제약들이 우리의 생각과 가치관을 묶어 버리기 때문이다.

이용규 [내 인생의 가장 담대한 순종, 떠남] 中

02
다시 태어난다는 것

여러 위인에 관한 평전이나 자서전을 읽곤 합니다. 한 사람이 살아온 실제 인생을 읽어보는 것은 큰 감동과 감화를 줍니다. 그들의 발자취에서 내가 가야 할 길에 대한 아이디어를 얻기도 합니다.

여러 평전이나 자서전을 보며 주인공이 젊은 시절 떠남을 경험하지 않은 경우가 있는지 확인해보았는데, 0%였습니다. 단 한 명의 예외도 없는 것입니다. 그만큼 젊은 시절의 떠남은 사람의 성장과 발전에 큰 계기가 됩니다. 고로 여러분의 떠남도 무조건 실행해보길 바랍니다. 떠남 자체로 발전, 성공을 보장하는 것은 아니지만, 발전과 성공에 떠남은 충분조건은 되기 때문입니다.

우리는 인생을 살아가면서 우리 자신이 마치 독자적으로 욕망하고 선택하면서 살아가는 것으로 여깁니다. 하지만, 그것은 순진한 착각에 불과합니다. 우리는 대부분 사회가 욕망하는 것을 욕망하고, 사회가 선택하는 것을 따라서 선택하기 때문입니다. 그 안에서 자기 개성의 영역이 있더라도 크지 않은 영역에 불과합니다.

우리는 물질과 성공만을 추구하는 사회에 살기 때문에 여러분 누구나 동일하게 물질과 성공만을 추구하는 인생을 살아가는 것입니다. 사람의 신념체계는 그 사회의 것을 받아들이게 되어 있습니다. 자세히 들여다보면 거의 대부분의 동기가 나의 내면으로부터 일어나는 인간 본성의 자연스러운 동기가 아니라, 사회로부터 받아들인 인위적 동기임을 알 수 있습니다.

떠난다는 것은 이 중 사회적 동기가 다른 환경에서 살아본다는 것을 의미합니다. 사회로부터 학습된 동기가 절대적임을 생각한다면, 떠남이란 '다시 태어나 보는 것'을 의미합니다. 실로 한 인생에 있어서 엄청난 변화를 시도해보는 것입니다.

그러한 '다시 태어나 보는' 변화의 환경에서 그간 사회적 환경으로 인해 억압되어 오거나 숨겨져 온 자신의 장점이 꽃필 수도 있으며, 또한 다양한 사회적 환경을 경험하면서 더 큰 인간으로서 '나'가 될 수도 있습니다.

굳이 발전까지 논할 필요도 없습니다. 그저 한 인생 살아가면서 '다시 태어나 보는' 기회를 갖기 위해서라도 설렘과 호기심을 갖고 젊은 시절 떠나볼 일입니다.

영화 [시네마 천국] 中

알프레드 : 토토, 여기 작은 마을을 떠나거라. 이곳은 너에게 아무 도움이 되지 않는 곳이란다. 여기에 사는 동안은 여기가 세계의 중심인 줄 알지, 변하는 건 아무 것도 없이 느껴진단다. 그러나 네가 떠난다면, 2년 정도 있으면 스스로 변한 것을 느끼게 되고, 그다지 보고 싶은 사람도 없어지게 되지. 한 번 이곳을 뜨면 아주 오래 있다 와야 한다. 그러다 귀향을 하면 친구들과 정든 땅을 느낄 수 있지. 지금의 너로선 세상 속에 큰 의미를 갖지 못한단다.

토토 : (주: 늘 영화대사를 인용해서 이야기 하는 알프레드 아저씨에게 비아냥 거리는 조로)
누구 대사죠? 게리 쿠퍼? 제임스 스튜어트? 헨리 폰다?

알프레드 : 아니, 누구의 대사도 아니란다. 내 대사지. 인생은 네가 본 영화하곤 다르단다.
인생이 훨씬 힘들지. 떠나거라. 넌 아직 젊고, 앞날이 창창해! 돌아와선 안 된다. 깡그리 잊어버리거라. 편지도 쓰지 말고, 향수에 빠져서도 안 된다. 여길 잊어버리거라. 만일 못 참고 돌아오면, 널 절대로 다신 만나지 않겠다. 알겠니? 무슨 일을 하든 자신의 일을 사랑하렴. 됐다. 이걸로 됐다. 이젠……

후일 토토는 자신이 사랑했던 영화에서 명감독으로 성장합니다. 떠남이 없이는 발전도 없습니다.

03
언어라는 도구

인간에게 있어 언어의 중요성은 이루 말할 수 없습니다. 인간의 삶은 언어 그 자체라고 할 수도 있을 정도입니다. 언어로 사회적 관계를 나누고, 언어로 경제적 활동을 합니다.

외국어의 중요성도 마찬가지입니다. 특히 세계의 보편적 언어로 자리 잡은 영어라면 어떤 사람에게는 생계 그 자체가 되기도 하며, 평생 관계 확장, 영역 확장의 실리와 즐거움의 원천이 되기도 합니다. 따라서 20대라면 다른 무엇은 다 포기한다 하더라도 세계 보편언어인 영어만은 기필코 성취를 해야 합니다. 이는 선택이 아니라 실로 필수입니다.

그리고, 가능하다면 영어 이외에도 제2외국어 하나 정도는 추가로 구사할 수 있어야 합니다. 외국어는 첫 번째 외국어를 마스터하게 되면 노하우와 경험이 쌓여 그 다음 외국어 학습은 더욱 빠르게 가능해집니다. 여러분이 세계를 다니다 보면 2개 이상 외국어를 구사하는 외국 친구들을 쉽게 보게 됩니다. 한국인들은 첫 번째 외국어인 영어에 다 막혀 있어서 그럴 뿐, 첫 번째 장벽만 뚫는다면 능력이 뛰어난 한국인들이 2~3개 외국어를 못해 낼 리 없습니다.

외국어 능력은 실질적인 사용을 위해서도 중요하지만, 그보다 더 중요한 것은 외국어 능력의 부족으로 사회활동의 자신감을 잃어가고 자신의 능력에 대한 자존감을 갖지 못하게 된다는 것입니다. 평생의 자신감과 자존감을 유지하기 위해서라도 젊은 시절 외국어에 대한 시간 투자는 반드시 필요하며, 가장 이익이 되는 투자가 될 수 있습니다.

하지만, 이러한 외국어 능력은 한국에서 획득하기 어렵습니다. 아주 특출 난 언어 능력을 가진 사람이거나, 또는 수년 이상을 언어에만 온전히 시간을 쏟는다면 가능할 수 있겠으나, 이는 평균적인 언어학습 능력자나 언어영역 이외 종사자들에게 적용할 수 있는 사항이 아닙니다. 그리고 읽기, 듣기 등의 영역은 가능할 수 있겠으나, 대화 능력은 더욱 어렵습니다. 한국은 0시간 외국어 사용 환경이기 때문입니다.

그럼에도 한국에서 외국어습득이 가능하다고 광고하거나 조언하는 이들이 많습니다. 이는 타인의 일생을 도탄에 빠뜨릴 수 있는 큰 해를 끼치는 조언입니다. 단기간이라도 해외에서 어학연수를 열심히 하거나, 언어공부를 병행하며 장기 워킹홀리데이 생활을 했어도 자신감, 자존감 이상 수준을 성취했을 터인데, 한국에서 그저 다람쥐 쳇바퀴 돌듯 헤매게만 만들기 때문입니다. 이로 인해 평생 외국어 콤플렉스에 시달리게 됩니다.

한국에서 단기간에 외국어 회화능력 습득은 불가능합니다. 그리고 우리 대부분은 외국어 강사가 목표가 아니기 때문에 한국에서의 모든 시간을 외국어에 쏟을 수 없습니다. 그러므로 떠나야 합니다. 외국어 능력 획득은 평생의 자신감, 자존감의 튼튼한 기반이 됩니다.

'영어를 잘 해서 어디다 쓸 것이냐?'가 아닌,
'영어를 못하면서 과연 이것들을 이뤄낼 수 있을까?'를
생각해 봐야 합니다.

— 마윈 —

04
고민?
개나 물어 가라지.

　　　　　　　　　　20대와 워킹홀리데이, 어학연수 등 해외도전에 관한 상담을 하다 보면 가끔은 답답한 느낌이 들 때가 있습니다. 너무 관념적인 고민으로만 시간을 낭비한다거나, 너무 계산적인 사고 속에서 주저하는 경우가 있기 때문입니다.

20대는 인생에 있어 몸으로 부딪혀야 할 시기입니다. 인터넷의 단편적 정보는 대부분 실패하는 이들의 푸념인 경우가 많습니다. 성공하는 이들은 한국어로 된 인터넷에 접속할 시간도 없습니다. 그러한 정돈되지 않은 정보 속에서 헤매면서 해외도전에 관한 부정적인 두뇌 회로를 만들어서는 안 됩니다. 실패는 다름 아닌 이러한 부정적 두뇌 회로에서 생산되기 때문입니다. 또한, 모호한 고민에 빠져서도 안 됩니다. 시간이 흘러도 늘 고민의 원점으로 되돌아오기 때문에 의욕만 꺾일 뿐입니다.

도전에 있어 담보물은 존재하지 않습니다. 도전만 하고 오면 인생이 잘 풀리게 해주겠다고 보장해 줄 담보는 없다는 것입니다. 설사 있다 하더라도 그러한 것은 삶의 가치를 높여주는 도전이라 부를 수 없습니다. 도전은 막연한 것이며, 불안한 것입니다. 그럼에도 해외도전을 다녀오면 도움이 될지 득실에 관해서만 걱정하고 물어오는 경우를 봅니다. 답이 존재할 수 없는 질문일 뿐입니다.

평생 자유를 추구하며 구도적인 삶을 살았던 그리스의 대문호 카잔차키스는 실존인물을 바탕으로 [그리스인 조르바]라는 작품을 집필했습니다. 조르바는 책과 글 속에서의 '관념적'인 삶을 사는 작가와 달리 자유분방하고 즉흥적이며 '실제'를 사는 인물로 묘사됩니다.

작가는 이 책에서 현실이라는 굴레의 억압에서 벗어나 자기 자신이 원하는 대로 행동하는 조르바를 진정한 자유인으로 인식하게 되며, 인생은 제 멋대로 살아도 충분히 아름답고 가치 있다는 것을 깨닫게 됩니다.

자유인 조르바의 말버릇은 항상 이러했습니다.

"(그따위 고민일랑) 개나 물어 가라지!"

20대는 관념이 아닌, 몸의 시기입니다. 고민이 아닌 제 멋대로 행동의 시기입니다. 20대의 도전은 대책 없는 배짱이어야 합니다. 시행착오와 실패를 통해서 배우는 시기이기 때문입니다.

20대에게 관념의 억압이나 쩨쩨한 손익계산은 어울리지 않습니다. 조르바처럼 "고민? 개나 물어가라지."라고 소리치며 떠나길 바랍니다. 인생은 제멋대로 살아도, '살지 않고 고민만 하는 것보다' 훨씬 아름답고 가치 있기 때문입니다.

또한, 고민은 인생의 실패를 부르는 가장 근원적 원인입니다. 미국의 성공시대의 철학을 이끌었던 데일카네기는 자신의 저서를 한마디로 표현합니다.

"이 책은 고민에 관한 책이다."

성경 다음으로 미국에서 많이 팔렸다는 데일카네기의 책은 인생의 실패는 다른 무엇이 아닌, 바로 실행하지 않고 고민만 하기 때문에 생긴다는 것을 역설하고 있습니다. 성공과 실패의 차이는 명확합니다. 바로 오늘 하루 할 일을 행동하는 것과 끝없이 관념의 고민 속에서 허덕이는 것의 차이, 바로 그것일 뿐입니다.

나는 아무 것도 바라지 않는다.
나는 아무 것도 두려워하지 않는다.
나는 자유다.

– 카잔차키스 묘비 글 –

내가 있는 그곳에서 훌쩍 떠날 수 있다는 것, 떠남은 자유입니다.

05
일단 떠나라.

떠남은 떠남 그 자체입니다. 내가 받을 수 있는 인연, 표지, 계시는 떠남 이후 길 위에서 얻는 것입니다.

많은 사람이 떠나기 전에 떠남에서 돌아옴까지의 모든 계획을 설정하고 떠나야 하는 것으로 오해를 하는 모습을 봅니다. 후반기의 여행 일정까지 미리 세우려 하고, 체류하면서 이후 옮길 지역까지도 미리 결정하려 합니다. 유학이나 영주권으로의 연결 계획까지 미리 세우려 하곤 합니다.

떠남의 순간에 '나'는 경험이 일천하고 해외에서 살아갈 언어능력도 미비합니다. 떠남의 과정에서 경험이 쌓여가고, 언어능력도 높아갑니다. 그렇게 새로운 '나'가 됩니다. 떠남의 중·후반의 결정은 그렇게 높아진 상황에서 내릴 수 있는 것이지, 떠나는 순간의 낮은 수준에서 내릴 수 있는 것이 아닙니다.

멀리 있는 것을 바라보는 것은 떠남의 차원을 넘어 인생을 살아가는데 있어 큰 도움이 되지 않습니다. 멀리 희미한 것에 대해서 몽롱한 상념을 벗어던지고, 일단 떠날 것을 조언합니다. 미래의 선택과 판단은 온전히 미래에 오게 될 또 다른 오늘의 몫일 뿐입니다. 인연, 표지, 계시는 길 위에서 받는 것입니다.

기독교, 이슬람교, 유대교의 공통 믿음의 조상은 아브라함입니다. 아브라함은 하나님으로부터 떠나라는 계시를 받습니다. 그런데 그 계시는 떠남 이후의 최종 목적지까지 미리 알려주시는 계시가 아닙니다.

"일단 떠나라. 그리고 내가 지시할 땅으로 가라."

이처럼 그냥 떠나라고 하십니다. 그리고 떠남 이후 길 위에서 '지시할' 땅으로 가라 하십니다. 아브라함은 자신이 갈 곳을 알지 못한 채 일단 떠남의 명령에 순종한 것입니다.

제가 이런 분야의 책을 쓸 수 있게 된 계기는 20대 후반에 떠난 세계일주 여행이었습니다. 당시 떠날 때에는 지금의 모습으로 살아갈 것이라고는 생각해 보지 않았습니다. 그저 길 위에서 내가 할 일에 대한 아이디어를 얻을 것이란 막연함만 있었습니다.
길 위에서 외국에서 공부하는 많은 한국 학생을 만나게 되었고, 제대로 안내 받지 못해 괴로운 생활을 하고 있는 그들의 모습에서 지금의 일에 대한 소명을 갖게 된 것입니다.

떠남을 고려했다면 일단 떠나야 합니다. 그리고 길 위에서 지시할 땅이 어느 길인지 소명을 얻어 보길 바랍니다.

가지 않은 길

by Robert Frost

노란 숲속에 두 갈래 길이 갈라져 있었습니다.
안타깝게도 나는 두 길을 갈 수 없는
한 사람의 나그네, 오랫동안 서서
한 길이 덤불 속으로 꺾여 내려간 데까지
바라다볼 수 있는 데까지 바라보았습니다.

그리고 똑같이 아름다운 다른 길을 택했습니다.
그럴 만한 이유가 있었습니다. 거기에는,
풀이 더 우거지고 사람이 걸은 자취가 적었습니다.
하지만 그 길을 걸음으로 하여
그 길도 거의 같아질 것입니다마는.

그 날 아침 두 길에는 낙엽 밟은 자취 적어
아무에게도 더럽혀지지 않은 채 묻혀 있었습니다.
아, 나는 뒷날을 위해 한 길은 남겨 두었습니다.

길은 길에 연하여 끝없으므로
내가 다시 돌아올 것을 의심하면서.

훗날에 훗날에 나는 어디에선가
탄식과 함께 이야기할 것입니다.
숲속에 두 갈래 길이 갈라져 있었다고,
나는 사람이 적게 간 길을 택하였다고,
그리고 그것 때문에 모든 것이 달라졌다고.

06
부모를 떠나라.

　　　　　　　　　　부모는 생존의 필수적인 사랑과 보살핌을 주는 은혜로운 존재이지만, 그러한 이유로 동시에 삶의 자유로움을 가장 크게 억압하는 존재이기도 합니다. 억압은 부모의 잘못된 의도에 의해, 또는 의도가 없어도 자녀 스스로의 부담감으로 만들어 집니다.

부모는 그 시대 지배적인 사회적 성격을 받아들여, 옳고 그름을 떠나 자녀에게 주입하기도 합니다. 지금의 시대에선 오로지 공부, 대학, 취업, 좋은 배우자, 출산, 성공의 길만 주입하는 것입니다. 자녀는 부모 자신이 세상에 보여줄 성공의 기준이 되기도 하기에 주입의 강도도 매우 강하게 이루어집니다. 그러다 보니 부모와 자녀는 사회적 갈등의 최전선을 형성하기도 합니다. 그 과정에서의 억압과 반항의 혈투는 각 가정별로 아주 큰 경우도 많습니다.

물론 그 갈등이 부모를 향한 무조건적인 반항이나, 나태와 게으름의 합리화여서는 안 될 것입니다. 또한 갈등이 아닌 대화로써 억압과 반항 없이도 발전적인 가족관계를 만들 수 있도록 부모와 자녀 모두 최선의 노력을 해야 합니다.

인류는 자녀가 부모를 극복하면서 발전을 이룩해 왔습니다. 부모에게 온전히 순응만 했다면 아무런 발전도 이룩하지 못했을 것입니다. 업적과 족적을 남긴 위인들은 부모에 대한 순종이 아닌 자유의지에 따라 삶을 형성한 이들입니다.

우리의 훌륭한 문화유산인 '효'는 단지 부모의 뜻을 따르기만 하라는 의미가 아닙니다. 강압이나 효에 대한 내면적 요구로 인해 스스로 꿈을 좌절시키는 것은 부모와 자녀 모두에게 도움이 되지 않습니다. 결국 그에 관한 계산서는 올 것이며 원망으로 불행한 관계만 갖게 되는 것입니다.

20대의 떠남이란 한동안 부모로부터의 떠남을 의미하기도 합니다. 유·무언의 압박감을 갖게 되는 지배적 사회적 성격에서 자신을 온전히 지키는 시간을 갖는 것입니다.

워킹홀리데이 비자로의 떠남은 스스로 돈을 벌어 생활하는 것이기에 가장 적합한 형태의 부모로부터의 떠남입니다. 부모로부터의 독립에서 경제적 독립이 가장 중요하기 때문입니다.

20대, 한 동안이라도 부모로부터의 떠남의 시간을 가져보길 바랍니다.

사랑하는 부모님 저는 떠나요.

사랑하지만 가야만 해요.

오늘부터 두 분의 아이는 없어요.

도망치는 게 아니에요.

날개를 편 것뿐, 알아주세요.

비상하는 거예요.

술기운도, 담배 연기도 없이 날아가요.

날아올라요.

제 길에 대해서 자문해 봐요.

부모님은 아실까요, 제가 흘린 눈물을,

제 약속과 열망은 앞으로 나아가고 싶어 해요.

나 자신에게 약속한 내 인생을 믿을 뿐.

멀어지는 기차 안에서

왜, 어디로, 어떻게 가야 할지 생각해요.

영화 〈미라클 벨리에〉 OST Je Vole(비상) 中

07
친구를 떠나라.

친구는 또 다른 나입니다. 친구는 내 마음의 고향이며, 쉴 수 있는 안식처입니다. 동시에 친구는 공범의식으로 불안을 감추며 무절제로 시간만 낭비하는 가장 어리석은 관계일 수 있습니다.

친구와 우정을 맺고 함께 세상을 탐구해 나가는 것은 정말 아름답고 멋진 일이지만, 우리에게 늘 그러한 우정만 허락되는 것은 아닙니다. 아직도 질풍노도인 20대에게는 막연히 친구가 있어야 한다는 소유욕과 의무감으로 거짓 우정을 포장하거나 유지해 나가는 경우가 많습니다.

물론 우정을 폄하하고 실익이 있는 관계만을 쫓자는 의미는 절대 아닙니다. 다른 모든 것이 없어도 그저 외로울 때 내 애기를 들어줄 친구가 있다는 것만으로도 한 영혼에게는 큰 구원일 수 있기 때문입니다.

하지만, 우정이 '함께 망가지자'는 싸구려 고독 대피소가 되어서는 안 됩니다. 진정한 우정이란 서로의 발전을 위해 서로가 극복의 대상이 될 수 있도록 노력하는 것입니다. 내가 발전하면 친구도 발전하는 것이며, 친구가 발전하면 나도 자극받아 발전해 나가는 것입니다. 우정은 무조건적인 정서적 합일과 조건적인 고독이 함께 존재하는 것입니다.

많은 친구들을 만나왔지만, 자신의 영역에서 성취를 이룬 친구들을 보면 예외 없이 고독의 시간들을 인내해 온 친구들입니다. 그러한 친구와 함께 하는 시간에 정서적 합일을 느끼면서 진한 우정을 느끼게 됩니다. 서로에게 자랑이 되고, 동시에 극복의 대상이 되는 것입니다.

우정은 파괴적이어서는 안 됩니다. 친구의 고독을 우정의 쇠락함이라 비아냥거리며 발전의 시간마저 빼앗는 것은 우정의 파괴적 모습입니다. 그러한 일련의 과정에서 자아를 잃게 되고 종국에는 우정에도 절망하게 됩니다.

친구가 많다는 것이 인생을 잘 살고 있다는 자부심이 될 수 없습니다. 특히 20대에는 이런 오해를 흔히 합니다. 오히려 그 반대입니다. 정보나 유희를 위해서 함께 어울리는 인간은 많을 수 있어도 진정한 우정은 본질적으로 많이 가질 수가 없는 것입니다.

청춘의 시기에 우정을 멀리 떠나 보길 바랍니다. 고독한 단절의 시기를 거치고 난 후 무조건적인 정서적 합일을 가질 수 있는지, 진정한 우정의 가능성을 경험해보길 바랍니다. 그러기 위해서라도 떠나보길 바랍니다.

만일 그대가 어질고 단호한 동반자,
성숙한 벗을 얻는다면,
어떠한 난관들도 극복하리니,
기쁘게 새김을 갖추어 그와 함께 가라.

만일 그대가 어질고 단호한 동반자,
성숙한 벗을 얻지 못한다면,
왕이 정복한 나라를 버리듯,
코뿔소의 외뿔처럼 혼자서 가라.

우리는 참으로 행복을 얻은 친구를 기린다.
훌륭하거나 비슷한 친구를 사귀되,
이런 벗을 만나지 못하면 허물없음을 즐기며,
코뿔소의 외뿔처럼 혼자서 가라.

사교적 모임에 탐닉하는 자는
일시적인 해탈에도 이를 수 없다.
태양의 후예가 한 말씀을 명심하여,
코뿔소의 외뿔처럼 혼자서 가라

소리에 놀라지 않는 사자같이
그물에 걸리지 않는 바람같이,
물에 때 묻지 않은 연꽃같이,
코뿔소의 외뿔처럼 혼자서 가라.

이익을 꾀하여 사귀고 의존하나
오늘날 이익 없이 사귀는 벗들은 보기 드무네.
자신의 이익에만 밝은 자는 청정하지 못하니,
코뿔소의 외뿔처럼 혼자서 가라.

– [숫타니파타] 코뿔소 외뿔의 경 中 –

08
한국을 떠나라.

건조하거나 습한 토양에서는 건강한 식물이 자랄 수 없습니다. 이와 같이 작금의 한국의 현실에서는 건강한 삶이 만들어지기 어렵습니다. 자본주의라는 제도가 만들어 낼 수 있는 가장 비극적인 모습들이 한국에서 모두 동시다발적으로 만들어지고 있기 때문입니다. 출산율 꼴찌, 자살률 1위라는 지표는 그것의 대표적인 결과물들입니다.

세계를 두루 다녀보면 한국처럼 오로지 돈만을 중요시 여기는 나라가 없을 정도로 느껴집니다. 소크라테스나 공자가 되살아나도 그저 돈 안 되는 소리나 하는 한심한 사람으로 조롱거리만 될 판입니다. 삶의 여정도 돈과 관련된 것으로만 빈틈없이 채워집니다. 공부, 대학, 취업까지 '공부하는 기계'이며, 취업, 결혼, 육아 등 이후에는 '돈 버는 기계'입니다. 노년에는 '돈 못 버는 기계'

가 되어 사회 속에서 천덕꾸러기 취급이나 받다가 그냥 가는 것입니다.

종적으로 횡적으로 둘러보아도 인류의 삶은 돈과 물질만을 추구하는 것으로 이루어져 있지 않습니다. 부자가 존경받았다는 역사적 기록도 찾기 어렵습니다. 성경에는 '부자가 천국에 가는 것은 낙타가 바늘구멍을 통과하는 것보다 어렵다.'고 적혀 있기도 합니다. 부자가 행복하게 살다간 사례는 동시대를 둘러보아도 쉽게 찾기 어렵습니다. 부모 자녀 간, 형제간 기막힌 소송과 혈투를 벌이는 것만 쉽게 보입니다.

물론 돈과 물질은 성실히 추구해야 할 대상입니다. 삶의 안전성을 위해 필수적인 요소이기 때문입니다. 하지만, 결핍을 극복하는 단계를 넘어선다면 그 이상 돈에만 집착하는 것은 인생을 가장 무가치한 것으로 만드는 원인이 됩니다.

떠남의 이유는 돈이 아닌, 다른 다양하고 많은 가치로 삶을 만들어 갈 수 있음을 직접 관찰해 보기 위함입니다. 공동체, 화합, 진리, 나눔 등 인간의 본성에 더 부합되는 가치로 삶을 행복하게 영위해 갈 수 있음을 보고 느끼기 위함입니다.

한국이 병든 사회임은 분명합니다. 아이를 낳지 않는다는 것만큼 구성원들의 희망 없음을 명확히 보여줄 수 있는 지표도 없습니다. 여러분은 그러한 병든 사회를 떠나 건강한 사회를 경험해 보아야 합니다. 그렇게 한명 한명의 관찰과 변화가 더해 우리 모두가 변화할 수 있는 것입니다.

떠남이란,
지금 여기만 아니면 된다는 마음가짐이다.

09
지금 20대의 힘겨움

저는 90년대 초반 대학생활을 한 세대입니다. 그 시대의 대학생들은 사람에 따라 다르겠지만 아르바이트를 하는 이들이 별로 없었습니다. 한 학기 대학등록금도 국립대는 50~70만 원, 사립대 일반계열은 120~140만 원, 공대계열 170~200만 원 수준이었습니다. 대학생 과외수업은 그때나 지금이나 30~40만 원 수준임에는 변화가 없는 것 같습니다. 따라서 방학 때 과외나 기타 식당 등에서 아르바이트를 열심히 하면 한 학기 등록금은 어렵지 않게 벌 수 있었습니다. 취업도 졸업할 때 IMF 사태가 터져 불운을 개탄하긴 했지만, 지금 정도로 힘겹지는 않았습니다. 공무원 시험을 본다면 '대학까지 나와서……'라며 주변에서 측은해하기도 했습니다.

80년대 대학생활을 한 선배들을 보면 암울한 현실로 학생운동의 혹독함을 감내하는 경우도 있었지만, 그것을 제외하고는 무난한 대학생활을 했던 것으로 기억됩니다. 일자리가 남는 상황이었으니, 학점을 신경 쓴다는 것은 대학생으로서 멋없음으로 인식되었고, 온갖 철학서, 시집, 지적 허영심을 발산하는 거대한 토론 등 대학생활은 낭만 그 자체였던 것으로 기억됩니다.

지금의 20대를 만나보면 너무 암울합니다. 아르바이트를 하지 않는 학생이 없을 정도로 일에 쫓기고, 낭만은 고사하고 한 시도 불안하지 않은 날이 없을 정도입니다. 거대한 담론을 나눌 여지는 없고 하루 생활에 급급합니다. 연애와 친구관계 마저 포기할 수밖에 없는 세대입니다. 그러니 헬조선을 외칠 수밖에 없을 것입니다. 죄송하고 씁쓸한 마음입니다.

워킹홀리데이 비자의 가장 큰 특징은 외국에서 일을 할 수 있다는 것입니다. 90년대에는 워킹홀리데이 비자를 약간의 경외심을 갖고 바라보았던 기억입니다. 한국에서도 일을 별로 해 본 이들이 없기 때문에 외국에서 일을 한다는 것은 대단한 용기를 필요로 하는 것으로 보였기 때문입니다. 하지만, 지금의 세대에게 워킹홀리데이 비자는 그저 해외에서의 일상일 뿐입니다. 어차피 해오던 일, 외국이라는 공간으로 장소만 바꿔서 하는 것일 뿐이라 생각합니다.

모든 일에 온전히 좋은 것도 없고, 온전히 나쁜 것도 없습니다. 물론 지금의 20대는 너무 고달픕니다. 하지만, 전체 인생으로 영역을 넓혀 본다면 20대의 고달픔은 축복이 될 수 있습니다. 일찍부터 노동을 하며 독립된 삶을 훈련하였기에 이후 삶의 과정을 보다 담대하게 헤쳐나갈 수 있기 때문입니다. 낮은 삶을 살았기에 오를 일만 있는 것입니다.

지금의 선배 세대들은 20대에 노동으로 낮은 삶을 살며 단련되어 본 적이 없기 때문에 작은 어려움에도 크게 넘어지고, 일어서지 못하는 경우가 많습니다. 40~50대의 넘어짐은 20대처럼 극복되기 쉬운 것도 아닙니다.

물론 전적으로 안타까움과 깊은 유감의 마음을 전합니다. 하지만, 인생이 단거리가 아니기에 보다 긴 호흡으로 나름의 의미부여는 필요한 일입니다.

또한 해외생활을 하다 보면 정도의 차이가 있겠지만, 우리 20대의 문제가 우리만의 문제가 아니라는 것도 느끼게 됩니다. 정보기술 분야의 발전으로 인해 인간의 일자리가 전체적으로 줄어들면서 생기는 인류 보편의 문제이기도 하기 때문입니다.

도움이 되어 주지도 못하면서 힘을 내라고 조언하는 것이 참으로 송구합니다. 하지만, 생은 살아나가고 이어지고 헤쳐나가야 하니, 나름의 의미부여에 작은 아이디어라도 되었으면 합니다.

그저 소박하게라도 떠나고 싶어도
비용이 감당이 안 된다.
떠남과 비용은 항상 모순관계이다.

워킹홀리데이는 길 위에서 비용을 충당할 수 있다.
따라서 워홀러에겐 떠남과 비용이 모순되지 않는다.

10
고통과 자유

프랑스 철학자 장 자끄 루소의 교육철학서 [에밀]에서 워킹홀리데이 도전과 교육을 연관시켜 몇 가지 글을 참고해보도록 하겠습니다.

[에밀]은 집필된 당대부터 지금까지 교육에 관련한 저서로 첫 손가락에 꼽히는 고전이자 많은 사람의 애독서입니다. 근대철학의 아버지라 불리는 위대한 철학자 칸트는 마을주민으로부터 '시계'라고 불릴 정도로 산책시간에 철저하였는데, [에밀]을 읽을 때는 유일하게 산책시간을 잊을 정도였다고 합니다.

- 세상사는 끊임없이 변하며 금세기의 혼란스런 양상에 비춰볼 때 그 정도는 점점 더 심해져 갈 것이 분명하다. 이런 상황에서 온실 속의 화

초처럼 아이를 키운다면, 그 아이는 환경이 바뀌는 순간 곧 파멸에 이르고 말 것이다. 그러한 식의 교육은 고통을 극복하도록 하기보다는 고통을 느끼도록 가르치는 셈이다.

사람들은 자신의 아이를 보호하기에만 급급한데, 이는 잘못된 것이다. 한 인간으로서 자신의 운명을 개척하며 살아갈 수 있도록 가르쳐야 한다. 행여 아이에게 무슨 일이라도 있지 않을까, 죽지 않을까 노심초사 하는 것이야말로 어리석은 태도이다. 인간은 태어난 이상 죽게 마련이다. 아이가 죽지 않도록 하기보다는 아이가 당당하게 살아갈 수 있도록 해야 한다.

- 나는 좋은 일이든 나쁜 일이든, 슬픈 일이든 기쁜 일이든 그것을 잘 견뎌낼 줄 아는 사람이야말로 가장 훌륭한 교육을 받은 사람이라고 생각한다.

- 어려서의 고통을 면해주는 일보다 나이 들어서의 고통을 면해주는 일이 더 낫지 않겠는가? 인간의 운명은 끝없는 고통의 연속이다. 육체적 고통도 있지만 정신적 고통도 있다. 육체적 아픔만 겪어도 되는 어린 시절의 고통은 그나마 나은 편이다. 자라서 맞이할 운명의 고통을 생각해보라. 사람을 절망케 하는 것은 정신적 고통이다. 우리는 아이들을 불쌍히 여기지만 정작 불쌍한 것은 어른들이다. 고통은 마음에서 생겨나기 때문이다.

어느 시대나 그 시대를 살고 있는 이들은 당대가 혼란스런 시기라 평하는데, 세상에 대한 혼란한 느낌을 갖는 것은 시대를 초월해서 인간이 갖는 보편적인 정서인 듯합니다.

'온실 속의 화초'는 교육에서 늘 언급되는 표현입니다. 루소는 '온실 속의 화초' 같은 인생을 산다면 환경이 바뀌는 순간 곧 파멸에 이른다고 하였습니다. 젊은 시절 이와 반대되는 교육은 '떠남'입니다. '떠남'은 주어진 환경에서 스스로 운명을 개척하며 당당하게 살아갈 수 있는 훈련을 하는 것이기 때문입니다.

간혹 부모들은 자녀의 안전을 이유로 자녀의 떠남을 완강하게 막는 경우가 있는데, 그것은 자녀를 보호하는 것이 아니라 자녀가 운명을 개척하지 못하게 만들기에 오히려 '생의 역동성'과 '생명으로써의 독립성'을 죽이는 결과를 초래합니다. 의존적 성향을 버리지 못하는 인간의 삶은 가장 비극적일 수밖에 없습니다. 안전에 관한 사항은 한국에서와 동일한 수칙만 지키면 세계 어느 곳이나 특별히 문제될 곳은 없습니다. 세계의 시선으로는 오히려 군사적 긴장의 한국이 매우 위험한 나라로 인식된다는 점도 참고해볼 수 있습니다.

우리는 흔히 견딘다는 것을 나쁜 일에만 사용하지만, 루소는 좋은 일도 견뎌야 한다고 말합니다. 좋은 일을 견딘다는 것은 교만하지 않음을 의미합니다. 인간은 좋은 일에 교만하여 종종 파멸을 맞이하기 때문입니다. 루소는 바로 좋은 일이건 나쁜 일이건 잘 견디는 것이 가장 훌륭한 교육이라 역설하고 있습니다.

젊은 나이에 워킹홀리데이 비자로 낯선 곳으로 홀로 떠나 일을 하며 생활하는 것은 그 자체로 매우 교육적입니다. 일이라는 육체적 고통과 낯선 곳에 홀로라는 정신적 고통에 단련되기 때문입니다. 그러한 경험은 이후 닥쳐 올 고통 중 많은 고통을 고통이 아니게 만들어 버릴 수 있기도 합니다.

- 자신의 의도를 남의 도움 없이 행동으로 옮겼을 때만이, 진정 자신의 의지대로 행동한 것이 된다. 그런 점에서 최고의 행복은 권력에 있는 것이 아니라 자유에 있다. 자유로운 사람은 자신이 할 수 있는 일만 하되, 하고 싶은 일만 한다. 이것이 중요하다. 이것이 나의 원칙이며 교육에 접목시켜야 할 핵심이다.

루소는 인간의 최고의 행복은 권력이나 부에 있지 않고 자유에 있다고 역설합니다. 자신의 의지대로 남의 도움 없이 행동하였을 때의 성취가 곧 최고의 행복이라는 것입니다.

20대의 떠남은 그 자체가 자유입니다. 그간 사회로부터 요구받아온 것을 의무감으로 실행했던 것과 달리 자신이 하고 싶은 것을 위해 자유롭게 추구할 수 있는 시간이기 때문입니다.

인류의 여러 고전 중 [에밀]은 교육에 관한 최고 인기 고전입니다. 그 안에서 워킹홀리데이 도전에 의미를 부여해 볼 사항에 대해 좋은 참고가 되었으면 합니다.

*떠남에 다른 목적은 없다.
그저 떠나는 행동 자체를 즐기기 위함이다.*

*떠날 수 있는 나를,
그 용기를
나에게 보여줄 수 있기 위함이다.*

11
별 인생 없다.
세상 구경하기

인생을 살면서 갖게 되는 착각 중 하나가 무언가 '특별한 인생'이 존재하지 않을까 하는 관념입니다. 무엇인가 대단한, 완성적인, 특별한 그런 인생이 존재할 것으로 막연히 생각하곤 합니다. 하지만, 그런 인생이란 존재하지 않습니다. 별 인생이 없는 것입니다.

인간이 누릴 수 있는 부귀영화, 권력, 쾌락 등 모든 것을 다 누린 것으로 알려진 솔로몬왕은 성경 [전도서]에서 다음과 같이 말했습니다.

'헛되고 헛되며 헛되고 헛되니 모든 것이 헛되도다.'

세계를 정복한 알렉산더 대왕은 죽기 전 자기가 누웠던 침상의 움푹 꺼진 모습을 보며 저렇게 작은 공간 속에서 죽을 인생인데 무엇으로 헛된 수고를 하였나 하며 대성통곡을 하였다 합니다.

아이폰으로 현대인의 삶에 혁신적인 변화를 가져온 스티브 잡스는 죽음을 앞두고 비즈니스 세계에서 큰 성공을 이룬 과거를 허무해 하며, 생을 유지할 만한 정도의 적당한 부를 쌓았다면 그 이후 우리는 부와 무관한 것을 추구해야 한다고 탄식하였습니다.

우리의 생명이라는 것은 정자와 난자의 결합의 산물입니다. 정액의 출발 선상에서 1~2억 마리 정자가 난자와 결합하기 위해 헤엄쳐 나갑니다. 그 중 한 마리가 생명으로 선택되니, 이 세상에 태어났다는 것은 1~2억 분의 1의 경쟁에서 당첨이 되었다는 것을 의미합니다.

태어남 그 자체로 감사해야 할 일인 것입니다. 1~2억 마리의 경쟁이라면 1~2억년을 계속 시도해도 세상 구경 한번 해보지 못하는 쓸쓸한 정자의 존재를 상상해볼 수도 있습니다. 암흑 속에 지쳐 세상이 어떤 곳인지 그리워하면서 그저 사그라지는 것입니다. 나와 그 정자는 '세상 구경이나 한번 해 보면 소원이 없겠다.'고 했던 동일한 존재였던 것입니다.

천상병 시인은 '아름다운 이 세상 소풍 끝내는 날, 가서, 아름다웠더라고 말하리라.'라고 노래하였습니다. 시인은 가난은 기본이고, 심지어 박정희 독재정권에 의해 조작된 '동백림' 간첩사건에 연루된 친구에게 막걸릿값 몇천 원을 받은 일로 중앙정보부에 끌려가 6개월이나 갖은 고문과 치욕을 당하기도 하였습니다. 그 일로 평생 말투가 어눌하였고 행동이 자연스럽지 못했습니다.

하지만 시인의 관점에서 세상살이는 '소풍'이였고, 세상은 '아름다운 곳'이었습니다. 시인은 단지 생명을 얻음으로써 세상구경의 기회를 가진 것만으로도 감사하다고 했습니다.

인생을 너무 진지하게 바라볼 필요는 없습니다. 무엇인가 대단한, 완성적인, 특별한 삶을 살아야 하는 것으로 설정할 필요는 없습니다. 그리고 그런 삶은 존재하지도 않습니다. 그저 새나 토끼나 다람쥐나 강아지처럼 생명으로 왔다가 가는 것일 뿐입니다.

세상살이에서 남는 것은 여행입니다. 여행은 그 만큼의 더 많은 세상 구경을 하는 것을 말하기 때문입니다. 개인적으로 세계일주를 다녀오면서 불현듯 '지금 죽어도 세상구경에 대해서는 여한이 없겠다.'라는 생각을 한 적이 있습니다. 많은 사람이 지나고 나면 남는 것은 여행 밖에 없다는 말을 하기도 합니다.

별 인생 없습니다. 대단한, 완성적인, 특별한 목적이 없더라도 주저 없이 떠나보길 바랍니다. 그저 세상구경 한번 해보겠다는 마음이면 충분합니다.

떠남은 자기에게 주는 선물이다.
평생을 두고두고 꺼내어 먹을 수 있는 달콤한 추억선물 상자이다.

자기에게 선물을 준 사람은 우울증에 걸릴 확률이 낮다.
청춘의 떠남은 미래의 고통도 줄여주니 모든 면에서 남는 장사임이 틀림없다.

12
놀 시간이 없다.

여러 외국인들과 함께 길 위에서 여행비용에 대해 대화를 나눈 적이 있습니다. 게 중 몇몇은 대출을 받아서 여행을 왔다고 했습니다. 대출을 받아서 놀러 오다니, 한량이거나 기인같이 느껴져서 놀랍다고 말해주었습니다. 그런데, 그 자리에 있던 대부분은 저의 반응이 이상하다고 했습니다.

'인생은 행복하기 위해 사는 거잖아. 행복하게 여행을 즐기고 돌아가서는 다시 열심히 일해 대출을 갚는 거지. 이상할 게 없는데?'라는 것이 그들의 요지였습니다. 그 상황에서 혼자 이상한 사람이 되어버린 것입니다. 그렇게 며칠 지나면서 저 또한 그들에 동화되어 이후에 몇 번 카드 할부로 여행을 하고, 이후 카드값을 갚아 나간 적이 있습니다.

'일만 열심히 하라'는 것은 자연의 명령이 아닙니다. 노동하는 인간을 뜻하는 '호모 파베르'는 20세기 역사의 산물일 뿐, 그 전 시기의 인간의 특징은 오히려 놀이하는 인간을 뜻하는 '호모 루덴스'에 가까웠습니다. 인류의 철학, 예술, 문명 등이 놀이경쟁의 산물이거나, 놀이과정에서의 발견인 경우가 많습니다. 그리고 최근의 산업과 문명의 흐름은 또 다시 산업과 놀이가 결합되는 형태로 나타나고 있습니다. 창의력이 요구되는 분야가 많아졌는데, 창의력은 놀이의 산물이기 때문입니다.

일은 성실히 하되, 적당한 수준에서 해야 합니다. 한국은 노동시간은 세계 최고지만, 노동생산성은 매우 낮은 수준인데, 일의 시간과 놀이의 시간의 지나친 불균형에 기인합니다. 휴식과 놀이가 일의 생산성을 높일 정도로 충분히 이루어지지 않기 때문입니다.

많은 사람이 여전히 '일 먼저, 여가는 이후'라는 사고방식을 갖고 있기도 합니다. 승진만 하고 나면, 아이 학교 졸업만 하고 나면, 은퇴만 하고 나면 등 미루다가 결국 여가의 즐거움은 영영 갖지 못하게 됩니다.

가장 재미있는 것은 젊은 시절의 놀이입니다. 특히 외국에서 전 세계의 또래 친구들과 어울려 노는 것만큼 멋진 것도 없습니다. 그것은 또한 외국어로 노는 것이 되니, 노는 것이 배움도 됩니다. 그러한 놀이는 시간이 흘러 추억으로 쌓이게 되고, 이는 평생의 삶에 위안과 추억이 됩니다.

20세기 호모 파베르의 시대는 저물었습니다. 21세기 호모 루덴스의 시대에 놀이는 배움이며, 경쟁력이며, 창의력이 됩니다.

젊은 시절 열심히, 제대로, 의미 있게 놀아보길 바랍니다.

우리는 모두
자기에게 주어진 영원하지 않은 시간 동안의
지구별 여행자다.

시간이 많지 않다.
청춘의 시기 서둘러야 한다.
지구 곳곳에서의 다양한 삶을
두루 호흡해 보아야 한다.

13
저성장 시대를 대비하자.

지금 한국사회 변화의 큰 물줄기 하나는 '고성장 시대에서 저성장 시대로 변화하고 있다'는 것입니다. 앞으로의 삶에 대비하려면 이러한 큰 변화의 흐름을 명확히 이해해야 합니다.

고성장 시대의 바탕은 인구증가입니다. 수요가 늘어나니 일자리도 늘어났습니다. 조금만 열심히 노력하면 대부분 분야에서 성공하기도 쉬웠습니다. 인플레이션은 자산 가치를 높여 집 하나만 운 좋은 위치에 사도 큰 부를 얻기도 했습니다. 이러한 경제적 조건을 가진 고성장 시대에는 경쟁, 과시, 타인의 시선 등이 삶의 기준이 되었습니다.

저성장 시대의 바탕은 인구감소입니다. 수요가 줄어드니 일자리도 줄어들고 있습니다. 절대적 수요의 감소로 24시간 열심히 노력해도 사업적 성공을 거두기 어렵습니다. 디플레이션으로 인해 높은 분양가의 집을 산 후 오히려 집값이 떨어지곤 합니다. 평생 대출이자에 시달리게 됩니다. 이러한 경제적 조건 하에서는 고성장 시대의 패러다임으로는 삶을 영위할 수 없습니다. 노력해도 그러한 성취가 불가능하기 때문입니다. 저성장 시대는 타인의 시선이 아닌 자기 자신의 개성과 철학, 과시가 아닌 안분자족이 삶의 기준이 되어야 합니다.

그런데, 내용은 저성장으로 바뀌었는데, 아직도 삶의 형식을 고성장 시기에 기준을 두고 판단하는 사람들이 있습니다. 고성장 시기 여러 가지 좋은 조건에서 부를 쌓은 노년층이나, 부당하게 부를 취득한 부정한 사업가, 정치인, 공직자, 언론인 등이 그들입니다. 그들은 끊임없이 '하면 된다.' 식의 논리로 저성장 시대 고통받는 젊은 세대를 위축시키고 있습니다. 백 명 중 한 명 정도의 운 좋은 성공자를 내세워 마치 누구나 그렇게 될 수 있는 것처럼 호도하며 안 그래도 고달픈 이들을 더욱더 누추하게 만들고 있습니다.

저성장 시대를 살아갈 우리는 그러한 무지하고 부정한 기득권 세력의 논리에 현혹되어서는 안 됩니다. 스스로 시대에 관한 독해법을 정확히 갖추지 못하면 평생을 불만과 비하의 감정 속에서만 괴로워할 수밖에 없게 됩니다.

저성장 시대는 철학과 훈련이 필요합니다. 인생의 신념체계를 타인의 시선, 고수입, 과시 등에 두어서는 안 되며 자기만족, 적당한 수입, 최소 소비, 환경 보호, 공동체 연대 등에 두어야 합니다. 이는 자연과 환경을 유지하고 개선하기 위해서도 필요한 정상적인 삶의 형태이기도 합니다. 지난 자본주의 열풍의 시대는 자연과 인류를 위해서 정상적인 것도, 좋은 것도 아닙니다. 일시적인 광풍이었을 뿐입니다. 지속 가능한 성장이라는 것은 상식적으로 가능하지 않은 허구입니다.

배우자 선택에 있어서도 경제적 능력이 현재 좋다고 해서 그것이 평생 보장되지 않습니다. 자녀에게 온갖 투자를 해서 스펙을 쌓게 한다고 하여 과거처럼 인생 성공이 보장되지 않습니다. 배우자 선택, 자녀양육 등 삶의 비중이 큰 선택 부분도 저성장 시대에 맞춰 변해야 합니다. 함께 안분자족을 할 수 있는 배우자인지가 중요하며, 자녀양육 또한 그러한 철학과 자세를 습득하도록 교육시키는 것이 중요합니다. 생활의 모든 부분에서 경제적 부를 획득하면 더 편리하게 살 수는 있지만, 획득하지 못해도 그만이라는 자세가 필요합니다.

여러분의 떠남은 저성장시대를 대비하기 위해서도 반드시 필요한 과정입니다. 선진국의 경우라면 우리보다 먼저 저성장 시대에 돌입하였으니, 그들이 어떻게 저성장 시대에 대처하여 살아가고 있는지, 개인의 모습, 사회적 책임 등을 살펴볼 수 있습니다. 후진국의 경우라면 물질적 환경은 한국보다 훨씬 못하지만 해맑은 웃음으로 높은 행복지수를 보여주는 삶의 지혜를 참고해볼 수 있습니다.

인간의 삶의 방식은 수없이 다양합니다. 다양성은 개인의 개성에 의해 발현되며, 개인의 철학적 힘에 의해 추진됩니다. 다양한 세계를 경험하는 것은 여러분에게 다양한 개성에 대한 아이디어를 줄 것이며, 그러한 개성을 삶에서 표현해 낼 수 있는 철학으로써의 힘을 줄 것입니다.

저성장시대를 대비하기 위해서라도 청춘의 시기에 떠나보길 바랍니다.

Part 01. 무조건 떠나라!

그의 내부에 있는 무언가가 체념을 거부하고 줄곧 희망이라는 미끼를 물고 싶어 했다.
그는 삶 깊숙한 곳에 숨겨져 있는,
황혼의 순간 문득 다가와 모든 것을 환하게 밝혀 줄
그런 행복의 가능성을 은근히 믿고 있었다.
대책 없는 어리석음 같은 것이 그의 안에 자리 잡고 있었다.
어떤 실패로도, 어떤 뻔뻔스러움으로도 없앨 수 없는 무구함이

그 누구도 극복할 수 없는 단 한 가지 유혹이 있다면
그것은 희망의 유혹일 것이다.

로맹 가리 [새들은 페루에 가서 죽다] 中

떠남은 대책 없는 어리석음 같이 순진무구한 희망의 유혹입니다.

14 낮은 자존감 극복

최근 어학연수 트랜드의 가장 큰 변화 중 하나는 50대, 60대 분들도 많이 떠나고 있다는 것입니다. 평균수명이 늘어나는 것이 널리 인식되었고, 그로 인해 경제활동 연령까지도 확장되어 늦은 나이의 어학연수도 늘어나고 있는 것입니다.

더욱 놀라웠던 것은 50~60대임에도 다녀온 이후의 새로운 꿈과 계획을 갖고 있다는 것입니다. 개인적으로 40대 중반의 삶을 살고 있는 입장에서 절정을 지나 쇠락하고 있다는 생각을 많이 했었는데, 노년 고객들의 새로운 꿈은 저에게도 큰 자극제가 되곤 합니다. 50~60대가 꿈을 갖고 있다면 40대는 더욱이 못할 일이 없다는 생각을 갖게 된 것입니다.

50~60대 분들의 상담 시 내용은 유사합니다. 한 분야에서 나름 능력을 발휘하고 인정받아 왔는데, 평생 영어가 발목을 잡았다는 것입니다. 어느 정도의 영어만 갖췄다면 배 이상의 성취를 올렸을 것이며, 영어로 인해서 손해 본 것이 너무 많다는 탄식입니다. 즉, 영어로 인해서 자존감이 낮을 수밖에 없었다는 고백입니다.

보통 노년이면 학업이 어렵다는 인식이 많은데, 3~6개월 정도 어학연수를 성실히 하는 경우 대부분 기본 이상의 의사소통 능력을 성취하는 것을 지켜보곤 합니다. 다녀와서 막걸리 한 잔을 나누며 만나보면 '이 좋은 걸 왜 이제까지 안 했는지, 너무 아쉽다.'라는 소감을 토로합니다.

50~60대가 새로운 꿈을 갖고, 그 말을 들은 40대가 못할 일이 없다는 생각을 갖게 됩니다. 그렇다면 20대 여러분은 이 상황을 어떻게 적용해야 할까요? 너무 조급하게 생각지 말고 너무 쩨쩨하게 생각하지 말아야 합니다. 20대라면 모든 일을 다 할 수 있다는 야망을 가져야 할 것입니다.

50~60대가 어학연수를 하고, 왜 이 좋은 것을 이제까지 안 했는지 탄식을 합니다. 20대라면 그 좋은 것을 꼭 해야 합니다. 워킹홀리데이를 간다고 언어를 익히지 못한다는 것은 변명과 핑계에 불과합니다. 워홀러에게도 언어습득은 제1순위 목표입니다. 필요하다면 초기 단기 어학연수를 병행하는 것도 고려해볼 수 있습니다.

언어능력의 부재는 평생 낮은 자존감을 느끼게 하며 노년이 되어서도 탄식하게 만듭니다. 그것만 갖췄어도 할 수 있는 일이 많았을 것이고, 그렇게 큰 손해를 보지는 않았을 것이라며 탄식합니다. 이렇듯 습득하지 못한 외국어에 대한 계산서는 죽을 때까지 따라 다니는 것입니다.

다시 한 번 강조하지만, 워홀러에게 언어습득은 제1순위 목표입니다.

〈어느 95세 어른의 수기〉

나는 젊었을 때 정말 열심히 일했습니다.
그 결과 나는 실력을 인정받았고 존경을 받았습니다.
그 덕에 63세 때 당당한 은퇴를 할 수 있었죠.

그런 지금 95번째 생일에
얼마나 후회의 눈물을 흘렸는지 모릅니다.

내 65년의 생애는 자랑스럽고 떳떳했지만,
이후 30년의 삶은 부끄럽고 후회되고 비통한 삶이었습니다.

나는 퇴직 후 이제 다 살았다. 남은 인생은 그냥 덤이다.
그런 생각으로 그저 고통 없이 죽기만을 기다렸습니다.

덧없고 희망이 없는 삶...... 그런 삶을 무려 30년이나 살았습니다.

30년의 세월은 지금 내 나이 95세로 보면

3분의 1에 해당하는 기나긴 시간입니다.
만일 내가 퇴직을 할 때 앞으로 30년을 더 살 수 있다고 생각했다면
난 정말 그렇게 살지는 않았을 것입니다.

그때 나 스스로가 늙었다고,
뭔가를 시작하기엔 늦었다고 생각했던 것이 큰 잘못이었습니다.

나는 지금 95세지만 정신이 또렷합니다.
앞으로 10년, 20년을 더 살지 모릅니다.

이제 나는 하고 싶었던 어학 공부를 시작하려 합니다.
그 이유는 단 한 가지……

10년 후 맞이하게 될 105번째 생일날!
95세 때 왜 아무것도 시작하지 않았는지
후회하지 않기 위해서입니다.

15
성공이 아닌 성장

사회적으로 가장 널리 쓰이는 단어 중 하나가 '성공'입니다. 누구나 성공을 원하고 꿈꾸기 때문입니다. 하지만, 성공이란 일시적인 것입니다. 인생이란 연속된 여러 무대 속에서 사건이 늘 이어지는 것일뿐, 하나의 성공으로 이제 다 되었다 함이 있을 수 없기 때문입니다.

삶에 적용할 수 있는 더 정확한 단어는 '성공'이 아닌 '성장'입니다. 인생의 무대에서 만나는 여러 사건과 대면하고, 극복하고, 새로운 비전을 얻는 것, 그 과정을 '성장'이라 할 수 있습니다.

여러분의 워킹홀리데이 도전은 '성공'이 아닌 '성장'의 이벤트입니다. 언어, 많은 친구, 돈 등 획득에 성공한 것들 보다는 독립심, 자립심, 인성, 지식, 학습

습관, 역경의 극복, 친절, 행복, 성격변화, 인류애, 고독 등의 성장이 중요한 것입니다. 성공의 대상은 얼마든지 지속적으로 얻어나갈 수 있는 것이지만, 성장의 과정은 집중한다고 얻어지는 것이 아니기 때문입니다.

워킹홀리데이를 잘 다녀온 학생들의 후기를 보면 성공의 결과에도 뿌듯함을 나타내지만, 그보다는 성장의 영역에 큰 감동을 기록하고 있습니다. 이 모든 것을 홀로 해냈다는 자립심, 진정한 인류애로 우정과 사랑을 나눈 것에 대한 감동, 언어의 중요성과 학습능력을 높여 이후 평생의 공부로 이어나갈 수 있게 되었다는 만족, 작은 일에도 행복할 수 있겠다는 행복을 옳게 바라보는 능력, 무엇보다 소극적 성격을 적극적 성격으로 바꾼 것에 대한 감회 등이 자리 잡고 있는 것입니다.

성공도 중요하지만, 성장이 더 중요합니다. 성장은 궁극의 인생 전체의 성공을 만들 수 있기 때문입니다. 성공하면 좋지만, 성공하지 못했다고 슬퍼할 필요는 없습니다. 성장했다면 그것으로 된 것입니다.

子曰 十室之邑 必有忠信 如丘者焉 不如丘之好學也
열 집이 사는 작은 동네라도 나만큼 충직한 사람은 당연히 있겠지만,
나만큼 배우기를 좋아하는 사람은 없을 것이다.

⟨논어 中⟩

노력해도 성과가 작다고 슬퍼하지 마십시오. 중요한 것은 성공이 아니라, 好學의 태도를 갖는 성장입니다.

16
역사 속의 떠남

워킹홀리데이를 갈 누군가가 책 한 권을 추천해 달라고 묻는다면, 장준하 선생님이 쓰신 [돌베개]를 추천하고 싶습니다. 이유는 다음과 같습니다.

첫째, 고난의 정도가 워낙 크고 거대합니다.
장준하 선생은 일제시대 학병으로 끌려가 탈영을 하게 됩니다. 이후 중국 동북 지역에서 멀리 중국 서부 대한민국임시정부가 있는 중경까지 목숨을 건 여정을 행군합니다. 굶주림, 체포의 위험, 육체적 고통, 특히 눈 덮힌 파촉령 산을 넘을 때 동사의 위기 등, 고난은 극단의 수준을 넘나들고 있습니다. 이 책을 읽는다면 우리 워홀러가 혹여 겪을 노고는 노고로 여겨지지도 않을 것입니다. 즉, 고난에 대한 담대함을 얻을 수 있을 것입니다.

둘째, 이 책은 애국의 책입니다.

외국생활을 하게 될 여러분은 여러분이 원하지 않아도 애국자가 되고 민족주의자가 될 것입니다. 외국에서는 나의 나라, 민족의 정체성이 확연히 도드라지게 되기 때문입니다. 장준하 선생은 서서히 얼어가는 죽음의 문턱에서 깨어나며 '가리라. 가서 또다시 우리는 못난 조상이 되지 않기 위해 이 몸에 불을 붙이리라.'라며 마음속 울분의 포효를 하게 됩니다. 그리고 평생을 조국의 독립과 발전, 그리고 민주화를 위해 투신합니다.

셋째, 이 책은 우리 역사에 관한 책입니다.

꼭 워킹홀리데이 도전을 위한 목적이 아니더라도 대한민국 사람이라면 누구나 읽어봐야 할 필독서입니다. 특히 친일 부역자와 그 후손들에 의해 역사교과서 마저 어용으로 훼손되고 있는 현실에서 우리의 젊은이들이 올바른 역사를 꼭 알아야 합니다. 역사를 잊은 민족에게 미래는 절대 있을 수 없습니다.

우리 후배 세대들에게, 그리고 워킹홀리데이 해외도전을 할 분들에게 꼭 추천합니다.

떠날 수 있는 것은
돌아올 곳이 있기 때문이다.

언제든 돌아올 곳이 있다는 것에
감사해야 한다.

우리가 돌아올 수 있는 곳
우리를 반겨줄 수 있는 곳
영원한 어머님의 품 같은 곳
그곳은 바로,

우리의 조국이다.

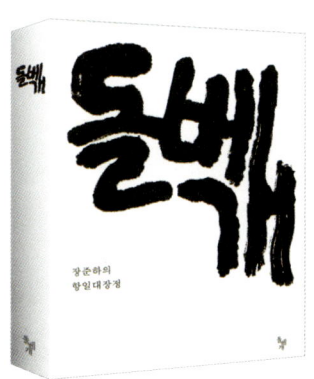

17
아무 생각 없이

외국이라는 공간은 여러 가지 면에서 특별합니다. 그중 가장 도드라진 특별함은 우리의 감각을 스캐닝해 준다는 것입니다. 외국에 가게 되면 시각, 청각, 후각, 촉각 등 모든 면에서 익숙했던 감각이 새로운 감각으로 대체됩니다. 그로 인해 우리의 뇌는 이전까지 그 안을 채웠던 것을 비워내고 새로운 것으로 채워지기 시작합니다. 즉, 모든 것을 잊을 수 있다는 것이 외국이라는 공간의 특별함입니다.

한국에서는 1주일이 넘는 휴가를 가도 도통 휴식이 되지 않는 경우가 많습니다. 늘 머릿속에 걱정, 고민, 불안이 함께 하기 때문입니다. 주위 사람들의 잦은 연락이나 뉴스 등도 그러한 것을 지속적으로 상기시킵니다. 하지만, 외국에 가면 짧은 시간 있어도 온전한 쉼을 경험하게 됩니다. 즉, 아무 생각 없음의 평온함에 빠지게 되는 것입니다. 나의 현실적인 문제에 대한 걱정과 고민, 불안을 상기시킬 주위 연락이나 한국 뉴스도 없습니다.

여러분의 워킹홀리데이는 바로 그러한 시간입니다. 현실적인 문제에 대한 걱정과 고민, 불안을 벗어나 그 시간만큼은 온전히 아무 생각 없는 평온함과 행복을 누릴 수 있는 시간입니다. 경험자 중에는 이러한 이유로 지난 워킹홀리데이 시간들을 그리워하는 경우가 매우 많습니다. 일을 하는 것은 힘들었지만, 그보다는 생각 없는 평온함과 행복이 더 강렬했던 것입니다.

20대에는 그러한 시간이 필요합니다. 아무 걱정 없이 하루의 재미있는 일을 작당해 보거나, 인생의 긴 여정에 대해 느린 모색을 해보는 것입니다. 아름다움을 열망하고, 공상에 찬 계획을 세워보고, 어떤 상황에 부딪혀도 배움이 된다고 긍정해볼 수 있습니다. 젊음은 젊음이 지나고 나서는 소비할 수 없는 것입니다. 20대의 시절이 지나고 나면 사장될 넘쳐나는 젊음을 진하게 소비해 보는 것입니다.

앞으로의 인생을 살아가면서 이러한 자기만의 순수한 시간을 온전히 갖는 것은 거의 어려운 일입니다. 인생의 앞길에는 취업, 결혼, 육아, 양육 등 끊임없는 현실의 시간이 기다리고 있습니다.

평균수명 120세 시대가 온다는데, 1년 정도의 자유로운 경험의 시간을 자신에게 선물하지 못할 이유는 없습니다. 갈 방향도 모른 채 조급함만으로 쉬지 않고 노를 저을 필요는 없습니다. 때론 돛을 올리고 아무 생각 없이 바람의 흐름에 몸을 맡겨 보는 것입니다. 그것은 무의미한 소비가 아니라, 높은 생산력을 예비하는 참 휴식이 될 것입니다.

가시나무 새 中

내 속엔 내가 너무도 많아
내 속엔 헛된 바람들로
내 속엔 내가 어쩔 수 없는 어둠
내 속엔 내가 이길 수 없는 슬픔
무성한 가시나무 숲 같네.

바람만 불면 그 메마른 가지
서로 부대끼며 울어대고
바람만 불면 외롭고 또 괴로워
슬픈 노래를 부르던 날이 많았는데

떠남은 내 속에 내가 없는 비움을 위해 가는 것입니다.
아무 생각 없음을 위해 가는 것입니다. 버드나무 가지처럼 그저 흔들리며 바람의 노래를 듣기 위함입니다.

PART 02

워킹홀리데이 비자와 현지생활

01
워킹홀리데이란?

워킹홀리데이에 대하여 많은 사람이 갖고 있는 이미지는 각양각색입니다. 주변과 언론 등을 통해서 갖게 된 조각지식이나 편견인 경우가 대부분입니다.

어떤 사람은 워킹홀리데이라고 하면 뜬금없이 '농장'을 떠올리기도 하고, '고생', '위험', '어학연수', '여행', '시간 낭비', '청춘', '해외취업', '돈', '언어효과 없음' 등 빅데이터를 뽑아 본다면 매우 다양한 연관단어들이 나올 것입니다. 다만 이러한 개념들은 약간씩의 연관성은 있을지 몰라도 워킹홀리데이 본질과는 관계가 없는 것들입니다.

그럼 워킹홀리데이의 본질은 무엇일까요?

워킹홀리데이의 본질은 '비자'의 한 종류라는 것입니다.

'비자'는 다른 나라에 갈 때 체류 목적에 따라서 받는 허가증을 말합니다.

외국에 가는 목적이 여행, 단순방문인 경우에는 '관광비자'를 받게 됩니다. 대한민국 여권 소지자의 경우에는 별도 관광비자를 요구하지 않는 나라들이 많아 '무비자'라고 부르기도 합니다. 관광비자는 일반적으로 체류기간이 3~6개월 이내로 제한됩니다.

학업의 목적으로 가는 경우 '학생비자'를 받게 됩니다. 학생비자는 그 나라에서 정규학업을 하거나 어학연수 등을 장기로 할 경우 미리 한국에서 받고 나가는 것이 일반적입니다. 그 나라에서의 학업이 기준이며, 한국에서의 학생 신분을 말하는 것은 아닙니다. 학업을 지속하는 한 지속적인 학생비자 체류가 가능합니다.

취업을 목적으로 하는 경우 '취업비자'를 받게 됩니다. 취업비자는 나를 고용하는 회사에서 비자 스폰서를 해주게 됩니다. 따라서 취업처가 정해져 있는 상황에서 비자획득이 가능합니다.

위와 같은 비자와 달리 워킹홀리데이 비자가 갖고 있는 특징은 무엇일까요?

워킹홀리데이 비자는 취업, 학업, 관광 등 모든 것이 다 가능한 만능 비자이며 다목적 비자라는 것입니다. 여러모로 혜택과 장점이 많은 비자입니다. 다만 비자 사용 시기는 만 18~30세로 한정되어 있어 청춘의 시기에만 혜택을 제공하는 비자입니다.

워킹홀리데이를 그저 외국에 가서 농장일을 한다는 식으로 막연한 이미지로 떠올려서는 정확히 이해를 할 수 없으며, 정확히 이해를 하지 못한다면 제대로 이용할 수가 없습니다. 비자의 한 종류이며, 모든 것이 허용되는 만능비자라는 점, 그리하여 이용은 개개인의 목적에 따라 매우 다를 수 있다는 점 등을 이해해야 합니다.

워킹홀리데이 비자는 협약을 맺는 국가 간 청년교류를 통하여 상호간의 이해를 증진하기 위한 목적으로 만들어졌습니다. 그렇기 때문에 만 18~30세까지의 나이제한이 있습니다.

한국은 현재 21개 국가와 워킹홀리데이 비자 협정을 체결하고 있습니다. 그 나라들은 호주, 캐나다, 뉴질랜드, 일본, 영국(YMS라는 명칭 사용), 프랑스, 독일, 아일랜드, 스웨덴, 덴마크, 홍콩, 대만, 체코, 오스트리아, 헝가리, 포르투갈, 네덜란드, 이탈리아, 이스라엘, 벨기에, 칠레입니다.

02
워킹홀리데이를 위한 변호

언론이란 매체는 사건사고를 보도하거나 문제점을 파헤치는 속성을 갖고 있습니다. 하지만, 그러한 속성에 대한 이해를 전제하더라도 워킹홀리데이 도전에 대한 보도 등을 보고 있으면 균형감각이나 본질을 외면한 채 부정적인 면만 일방적으로 보도하고 있다는 느낌을 지울 수가 없습니다.

워킹홀리데이를 가서 탈선만 일삼는다든지, 급여를 못 받는 등 착취를 당하고 온다든지, 사건·사고로 인해 위험하다든지, 언어향상이 되지 않는 헛된 도전이라든지 등. 마치 이 시대 청년들이 다른 더 좋은 선택을 충분히 할 수 있는데도 불구하고 워킹홀리데이라는 문제가 많은 도전을 하는 것처럼 보이곤 합니다.

이 시대 한국의 청년들도 과거처럼 대학 등록금이 저렴하고, 과거처럼 가정경제가 좋아 부모로부터 많은 돈을 지원받는다면 굳이 외국까지 가서 고달프게 일을 하는 워킹홀리데이를 하지는 않을 것입니다. 선배 세대들처럼 그저 편히 즐기며 공부만 하는 어학연수를 가면 되는 것입니다.

즉, 지금 이 시대 청춘들이 젊은 시절 그나마 해외도전을 해 볼 수 있는 방법이 워킹홀리데이 밖에 없기 때문에 선택하는 것이며, 이는 그 자체로 매우 슬픈 일이고, 이 시대 청년들에게 다른 세대와 사회 일반에서 동정과 죄스러움을 가져야 할 일입니다.

어려운 환경에서 그나마 자신을 발전시키기 위해 스스로의 노력으로 외국에서 벌어서 생활하는 워킹홀리데이를 숭고한 도전으로 받아들이는 것이 아니라, 탈선이나 실패와 연관시켜 왜 그런 도전을 하느냐고 비아냥거린다면 이는 너무도 비극적인 사회적 무지라 할 수 있습니다.

1963년에 3년 계약조건으로 독일로 간 간호사와 광부들이 있었습니다. 2만 명이 떠났는데, 대부분은 번 돈을 고국으로 송금하면서 독일 현지에서는 매우 아껴 쓰는 생활을 했다고 합니다. 장남, 장녀들이 주로 많이 갔으며, 그들이 보내준 외화로 동생들이 공부를 할 수 있었다고 합니다. 이분들의 이야기는 영화 [국제시장]을 통해서도 일반인들에게 널리 알려지기도 했습니다.

그런데, 그 시절 독일로 간 분들의 이야기는 방송, 영화 등을 통해서 반복적으로 매우 희생적이며 위대한 일로 묘사되곤 하는데, 매년 3~5만 명씩 떠나는 청년들의 워킹홀리데이는 일탈과 실패하는 도전으로만 보도되거나 묘사되는 것을 보면 참 기이하다는 생각이 듭니다.

개인적으로 알고 있는 많은 사람은 한국에서 아르바이트를 하면서 출국 초기 비용을 벌고, 이후 외국에서 스스로 벌어 자신을 발전시키고 있습니다. 그 중에는 외국에서 번 돈으로 한국의 부모님께 송금하여 가정을 위해 헌신하기도 합니다. 그러한 헌신에는 마음이 숙연해 지기도 합니다.

우리 사회에서 과거 세대는 모두 먹을 것이 없었고, 모두 큰 고생을 했고, 모두 끈기와 인내심이 강했고, 모두 큰 희생만 한 것처럼 묘사되곤 합니다. 반대로 지금을 살고 있는 청년층은 먹을 것이 풍족하고, 고생을 모르고 자랐으며, 끈기와 인내심이 부족하고, 큰 호강이나 하는 것처럼 묘사되곤 합니다.

고통을 물질적인 결핍의 고통과 정신적인 고통으로 나눠 본다면, 모든 면에서 후자인 정신적인 고통이 깊고 넓고 진합니다. 동시대를 살아가는 세대 중 사회적 자리매김에 관한 존재의 불안 속에서 지속적으로 하강하는 지금 청년들의 고통은 가장 깊고 넓고 진한 것이라 생각합니다. 그럼에도 호강이나 하면서 천덕꾸러기나 되는 듯 사회적 질타의 시선이 광범위하게 존재하는 것을 보면 밧줄을 던져 함께 끌어올리는 것이 아니라 낭떠러지로 떨어지기를 바라는 것처럼 비극적으로 보입니다.

청년들의 워킹홀리데이는 60년대 독일 노동자 파견과 같이 위대한 자기헌신이며 애국입니다. 스스로 벌어서 가족의 부담을 덜고, 가족을 돕고, 자신을 글로벌 인재로 만들어 사회발전에 공헌하기 때문입니다.

청년 워홀러들은 스스로의 헌신에 대한 자부심과 소명감을 가져야 합니다. 우리 사회에서는 그러한 워홀러들에게 위로와 공감과 독려를 해야 합니다. 그러한 자기 소명감과 사회의 응원 속에서 워킹홀리데이의 의미 있는 결과들이 더욱 더 많아질 것이라 확신합니다.

By Frits Ahlefeldt

03
워킹홀리데이 비자 사용법

워킹홀리데이 비자의 사용방법에 대해서 알아보도록 하겠습니다.

• **워킹홀리데이 비자는 만 18~30세까지 신청할 수 있습니다.**
신청 기준이기 때문에 신청 시 만 30세면 가능하고, 이후 비자 진행 과정 및 출국은 만 30세가 넘어도 가능합니다. (참고로 이 책을 집필 중인 시기 호주 워킹홀리데이 나이제한이 만 35세로 변경될 수 있다는 호주언론보도가 있었습니다. 만 30세 이상이면서 워킹홀리데이에 관심이 있다면 해당 사항을 확인해보길 바랍니다.)

• **워킹홀리데이 비자를 획득하기 위한 조건은 나이 이외에 특별한 사항은 없습니다.**

만 18~30세면 다른 조건 없이 가능한 경우가 대부분입니다. (단, 영국의 YMS 비자는 토익 600점 이상 등 공인 영어점수가 필요합니다.)

- **워킹홀리데이 체류 기간은 일반적으로 1년입니다.**

대부분 국가가 체류기간 1년의 규정을 가지고 있습니다. 다만 영국은 2년이며, 호주는 특정 조건 충족 후 1년 연장이 가능합니다. 체류기간은 최장 기간을 의미할 뿐 최소기간의 의무는 없습니다. 즉, 단기간 체류를 해도 관계가 없습니다.

- **일부 예외의 국가를 제외하면 워킹홀리데이 비자는 비자 취득 후 1년 이내 해당 국가에 입국을 하면 되고, 비자 기간은 입국일로부터 계산됩니다.**

- **워킹홀리데이 비자는 복수비자입니다.**

복수비자라는 것은 체류 기간 내 자유롭게 출입국이 가능하다는 것입니다. 따라서 워킹홀리데이 비자로 체류 중 한국에 다녀가거나 해외여행을 할 수 있습니다. 비자 기간은 처음 입국 후 1년이며 한국에 잠시 왔다가 입국한다 하여 그 기간만큼 비자기간이 늘어나지는 않습니다.

- **한 국가의 워킹홀리데이 비자는 단 한 번만 사용 가능합니다.**

다만 국가를 바꿔서 다른 국가의 워킹홀리데이 비자를 받는 것은 가능합니다. 따라서 워킹홀리데이 비자로 2~3개 국가를 경험하는 것은 가능합니다.

- **워킹홀리데이 비자 신청 후 비자 취소를 하거나 비자 사용을 안 했다고 하여 미리 납부한 비자인지대는 환불이 되지 않습니다.**

- 워킹홀리데이 비자는 정해진 정원 내 모집을 하는 국가가 있고, 무제한 발급을 해주는 국가가 있습니다. 무제한 발급의 대표적인 국가는 호주입니다.

- 워킹홀리데이 비자 중 정원이 정해져 있으면서 추첨, 또는 선착순으로 비자를 발급해주는 국가들이 있습니다.

주로 영어권 국가들인데, 이런 경우에는 원한다고 비자를 취득할 수 있는 것이 아니고 매우 어려울 수 있습니다. 캐나다, 영국, 뉴질랜드, 아일랜드 등이 해당됩니다.

- 워킹홀리데이 체류 기간 중 어학연수는 대부분 국가에서 가능합니다.

기간은 6개월 내외로 제한되어 있는 경우가 많습니다.

- 워킹홀리데이 체류 기간 중 한 고용주 밑에서의 취업기간을 제한하는 국가들도 있습니다.

기간은 6개월 정도인 경우가 가장 많습니다.

- 워킹홀리데이 비자로 입국 시 대부분 편도 항공권으로 입국이 가능합니다.

- 워킹홀리데이 비자로 체류 시 사고 등으로 의료비용이 발생할 것을 대비하여 보험가입을 의무적으로 요구하는 경우가 대부분입니다.

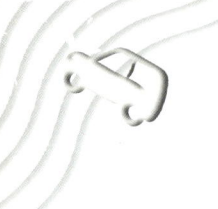

04
지금 시대의 워킹홀리데이란?

지금 이 시대 어떤 목적으로 워킹홀리데이 비자를 이용하고 있는지, 그중 어떤 목적이 지금 시대 주된 트렌드인지에 대해 알아보도록 하겠습니다.

워킹홀리데이 비자 이용의 목적에는 다음과 같은 것들이 있습니다.

1. 여행경비를 벌며 여행하기

체류 기간에 대한 특별한 목표설정 없이 그저 자유롭게 여행을 하며, 전 세계 친구들도 사귀고 많은 경험을 쌓기 위해 가는 워킹홀리데이입니다. 언어능력이 기본 수준 이상 갖춰졌다는 것을 전제로 가능한 워킹홀리데이 비자 이용

방법이며, 주로 유럽의 청년들이 워킹홀리데이 비자를 이용하는 패턴입니다. 대부분의 한국 청년의 경우 언어능력이 부족하여 이런 형태의 워킹홀리데이를 즐기는 경우는 많지 않습니다.

2. 돈 모으기

워킹홀리데이 협정이 맺어져 있는 선진국들은 한국보다 1인당 국민소득이 2배 이상 되는 나라들이 많습니다. 시급이 높기 때문에 순전히 돈을 모으기 위한 목적으로 워킹홀리데이를 가는 경우도 있습니다. 이 목적의 워킹홀리데이 국가로는 현실적으로 시급이 높고, 서비스 아르바이트 이외의 1, 2차 산업인 농장, 공장 일도 가능하고, 근속에 따라 시급이 높아질 가능성이 있는 호주가 선택되곤 합니다. 다만 지금은 호주 화폐가치 하락과 세금환급제도의 변경 가능성, 한국의 시급 인상 등으로 과거만큼의 의미는 없다고 할 수 있습니다.

3. 어학연수

언어실력을 늘이기 위해 어학연수를 가고자 하나 비용이 턱없이 부족하여, 외국에서 스스로 일정 부분 벌어서 충당하려는 목적으로 워킹홀리데이 비자를 이용하는 것입니다. 워킹홀리데이 비자로 어학연수 효과를 높이기 위해서는 초기 일정 기간 공부에만 전념할 필요가 있으므로 단기어학연수+워킹홀리데이 형태로 많이 선택하고 있습니다.

4. 유학 및 영주권

유학계획을 갖고 있는 경우 유학 전 그 나라를 워킹홀리데이 비자로 경험하면서 언어실력을 쌓고, 학비 모으기 등을 더불어 해보려는 경우도 있습니다. 또는, 정식 취업을 통한 취업비자 전환이나 궁극적으로 영주권 취득을 목적으로 하는 경우 처음 입국을 워킹홀리데이 비자로 하는 경우도 있습니다.

이외 단순히 외국 한번 나가 보려는 것, 왠지 30살이 넘기 전에 워킹홀리데이 비자를 사용해봐야 할 듯해서, 친구 따라 강남 간다고 분위기에 휩쓸려 가는 경우, 현지에 거주 중인 친척이나 지인의 사업체에서 일을 하기 위해서 가는 경우 등 여러 개인적 목적이 있을 수 있습니다.

여러 가지 워킹홀리데이 목적 중 지금 이 시대에 가장 많이 선택되는 트렌드, 그리고 가장 유용한 워킹홀리데이 비자 이용은 언어능력 향상과 인간적인 성장에 목적을 둔 '어학연수+경험'의 목적이라 할 수 있습니다.

05
정상과 비정상 구분하기

워킹홀리데이 도전은 세 마리 토끼를 한 번에 잡기 위해 떠나는 것입니다. 세 마리 토끼는 언어, 경험, 돈입니다. 또한, 세 마리 토끼는 충분히 한 번에 잡을 수 있는 것들이기도 합니다. 이 부분에 대해 기준을 명확히 하고 워킹홀리데이 도전을 해야 합니다.

많은 워킹홀리데이 도전자들은 시작부터 위 세 마리 토끼는 잡을 수 없는 것이라 여기곤 합니다. 실패한 이들의 인터넷 글, 경험담, 사례, 조언들만 접하다 보니 자신도 그럴 것이라 막연히 생각하며 자신도 모르게 부정적 두뇌 회로를 형성하게 됩니다. 이는 실패하는 워킹홀리데이의 근본적인 원인이 됩니다.

간혹 세 마리 토끼를 다 잡아온 워홀러의 경우를 보면 그것을 '기적'이라 칭하거나 일부 '독종'이나 할 수 있는 '예외'적인 현상인 것처럼 치부합니다.

후기 중 일부를 참고해보도록 하겠습니다.

......말씀대로 그 노력의 결과 어학연수 3개월, 호주 워킹홀리데이 1년이라는 시간 동안 제게는 남들이 보기에 기적 같은 일이 일어났다는 것과, 그 모든 시작에......

초기 단기 어학연수+워킹홀리데이로 많은 성취를 한 학생의 글 중 일부입니다. 영어권으로 다녀온 경우인데 출국 전 수능외국어 4등급, 토익 500점 이하에서 귀국 후 950점 이상이 되었고, 회화도 매우 유창합니다. 호주, 뉴질랜드를 포함하여 여러 나라를 여행했고, 돈도 어느 정도 모아 와서 부모님 여행도 보내드리고, 자신의 이후 아프리카 해외봉사활동 참가비에 사용하기도 했습니다. 언어, 경험, 돈 모두 성공한 경우입니다.

여기서 주목해야 할 점은 바로 위 글에서 남들이 자신의 성취를 '기적'같은 일이라 칭한다는 것입니다. 그런데 위 학생은 기적이 아니라, 지극히 정상적인 노력을 한 것에 불과합니다. 스스로 여러 생활을 즐기며 했을 뿐, 독종처럼 지독하게 굴거나, 초능력을 발휘하여 생활을 한 것도 아닙니다.

여기서 우리는 워킹홀리데이 생활에 대해 정상과 비정상의 기준을 명확하게 세워야 합니다. 즉, 위 학생의 경우 극히 '정상'인 것일 뿐 기적이라는 용어를 쓴 다는 것은 부적절합니다. 기적이라는 용어는 주변의 많은 사람이 워킹홀리데이 생활을 비정상으로 실패하고 왔고, 그들의 시각으로 자신들의 실패를 변명하기 위해 사용되는 표현일 뿐입니다.

다음은 지식인 질문으로 받은 글 중 일부입니다.

...... 한국에서 출국 전에 집필하신 글이랑 책을 사서 보며 많은 도움이 됐는데, 또 한 번 질문이 있어서 1대1 질문을 드립니다.
저는 나름 호주에서 성공적인 생활을 보냈다고 할 정도로 보람차게 보냈습니다.
아이엘츠 아카데믹 밴드 7.0 (Reading 7.0 / Listening 7.0 / Speaking 7.0 / Writing 6.0)을 땄고 호주인들과 일하며 돈을 실컷 벌어서 또 영어를 위해 실컷 써보기도 했습니다.
정말 좋은 외국인 친구들을 많이 만나 이제 어느 나라를 가도 볼 사람이 1명은 있게 됐습니다. 여행도 많이 했고 새로운 경험도 많이 했습니다.
정말 너무나도 만족스러운 1년을 보냈기에......

IELTS 7.0이라는 높은 수준으로 언어능력을 획득했고, 많은 경험과 돈을 벌었습니다. 즉, 언어, 경험, 돈 세 마리 토끼를 다 잡은 것입니다.

이러한 후기, 인사, 경험담, 사례 등은 매우 많습니다. 그런데 이들이 주위의 경탄을 살만한 초인적 노력을 기울인 사례들이 아닙니다. 그저 정상적으로 출국 전에 해야 할 공부하고, 현지에서 해야 할 생활 성실하게 한 것 밖에는 없습니다. 그러한 정상적인 노력이라면 누구나 언어, 경험, 돈을 획득하는 정상적인 워킹홀리데이 생활을 할 수 있는 것입니다.

워킹홀리데이 도전에서 좋은 성취를 원한다면 무엇이 정상이고, 무엇이 비정상인지 정확히 이해하고, 정확한 기준을 세워야 합니다. 우리가 인생을 살면서 비정상적인 실패 사례를 보면서 '나도 저렇게 살아야지.'라는 생각으로 인생을 살아가지는 않습니다. 마찬가지로 워킹홀리데이 도전을 하면서 비정상적인 실패 사례를 보고 '나도 저렇게 될 것이고, 저렇게 되어야겠다.'라는 생각으로 도전을 해서는 안 됩니다.

무엇이 정상인지 정확히 이해하고, 그에 맞는 도전을 해 나가는 것이 무엇보다 중요합니다.

06
워킹홀리데이 비용

워킹홀리데이 도전을 할 때 비용 준비는 다음과 같이 나눠 볼 수 있습니다.

1. 300만 원 내외

워킹홀리데이 국가 입국 후 바로 일을 구해서 생활하겠다고 계획을 한다면 300만 원 내외의 비용으로 워킹홀리데이 준비가 가능합니다. 이 비용은 비자 취득 및 준비 비용+편도 항공비용+초기 생활비용을 합한 비용입니다. 초기 생활비용이라 함은 현지에서 일자리를 구할 때까지의 생활자금이며 약 100~150만 원 정도를 배정하여 산출한 총비용입니다.

물론 일을 빠르게 구할 수 있는 언어능력이 되지 않는다면 이 비용으로 출국은 권장하지 않습니다. 또한, 구직기간이 길어지면 추가비용이 예상됩니다.

2. 600만 원 내외

1번의 비용에 초기 2개월 정도의 어학연수 비용이 포함된 예산입니다.
영어권 국가로의 워킹홀리데이라면 초기 아시아 영어권 국가에서 2개월 집중 어학연수를 하고 워킹홀리데이를 갈 수 있는 비용입니다. 또는, 워킹홀리데이를 시작한 나라에서 2개월 정도 학원등록을 하여 어학연수를 하면서 일을 구해볼 수 있는 비용입니다.

3. 그 이상

워킹홀리데이 준비 비용은 많으면 많을수록 좋습니다. 더 많은 비용을 준비할 수 있다면 어학연수+워킹홀리데이에서 어학연수 기간을 좀 더 늘릴 수 있습니다.
워킹홀리데이만 간다면 1번처럼 300만 원의 비용이 필요하며, 6개월 순수 어학연수만 한다면 1,500만 원 정도의 비용이 필요합니다. 따라서 300만 원에서 1,500만 원 사이의 비용 중 자신이 가능한 수준에서 책정하면, 그것으로 어학연수와 워킹홀리데이 기간을 배분할 수 있습니다. 예를 들면 1,500만 원이면 6개월 어학연수+6개월 워킹홀리데이가 가능하고, 600만 원이면 2개월 어학연수+10개월 워킹홀리데이가 가능합니다. 그 중간의 비용이라면 그 중간 비율로 어학연수+워킹홀리데이를 각각의 기간을 배분할 수 있습니다.

4. 비용 준비

중요한 것은 단지 외국에 다녀온 경험만을 갖는 것이 아니라, 언어와 경험을 성취하는 제대로 된 해외도전을 다녀오는 것입니다. 언어와 가치 있는 경험이 바탕이 되지 않는 해외경험은 오히려 평생의 콤플렉스가 될 수도 있다는 것을 경계해야 합니다. 성공하는 워킹홀리데이 도전을 위해서 가능하다면 최소 600만 원 이상의 비용으로 단기어학연수와 함께 하는 워킹홀리데이 도전을 추천합니다.

문제는 결국 비용입니다. 비용은 항상 청춘의 도전에 가장 큰 걸림돌이 됩니다. 비용 준비 방법에 대해서 몇 가지 가능한 사항을 확인해보겠습니다.

1) 직접 비용 모으기

미리 일정 정도 돈을 모았다면 그 비용으로 어학연수+워킹홀리데이를 떠날 수 있습니다. 하지만, 워킹홀리데이를 가기 위해 그 순간부터 휴학을 하고 한국에서 돈을 모으기 시작하고자 한다면 이는 재고할 필요가 있습니다. 한국에서 너무 오랜 시간을 비용마련만을 위해 일을 해야 하기 때문에 누수 시간이 길게 발생하기 때문입니다.

초기비용을 다음 소개하는 방법으로 융통하고 이후 외국에서 일하여 그 비용을 벌어오는 것이 더 좋은 방법입니다. 한국에서 일하는 시간을 외국에서 일하는 시간으로 대체한다면 한국에서 일만 하는 누수 시간도 없앨 수 있고, 외국에서는 일이 언어 배움의 공간이 되니 더욱 가치 있기 때문입니다.

2) 부모님께 지원받아 되갚기

부모님께서 지원해주실 능력과 의사가 있다면 그 비용으로 해외도전을 해볼 수 있습니다. 간혹 부모님의 능력과 지원 의사가 있는데도 불구하고 꼭 본인이 스스로 해보고자 한국에서 일을 시작한다면 이는 좋은 방법이 아닙니다. 위 경우처럼 한국에서의 누수 시간을 줄이고, 외국에서의 시간으로 대체하는 것이 좋은 방법입니다. 자립과 독립은 워킹홀리데이 생활에서 알뜰하게 돈을 모아 부모님께 지원비를 되돌려 드리는 방법으로 실현할 수 있습니다.

3) 금융제도 이용하기

워킹홀리데이 비자는 일을 할 수 있는 비자이며, 워킹홀리데이 도전의 목적 중 하나는 외국에서 돈을 벌기 위함입니다. 따라서 초기 합리적인 비용이 필요하다면 금융제도를 이용하여 충당하고 이후 워킹홀리데이 생활에서 월 일정 금액을 갚아나가는 것도 방법입니다.

해외어학연수 비용을 신용카드를 통해 결제하는 시스템이 있습니다. 유학원 도산이 많아 이를 방지하기 위한 안전한 결제방법으로, 금융기관 신용카드를 이용한 결제방법 제도가 생긴 것입니다. 10개월까지 할부결제가 가능하니, 초기 200~400만 원 정도의 어학연수 비용을 결제한다면 이후 워킹홀리데이 생활에서 월 20~40만 원 정도 갚아 나가면 됩니다. 워킹홀리데이 생활에서 충분히 가능한 비용이기도 합니다.

워킹홀리데이 성공을 위해서는 일정 금액의 투자가 필요합니다. 그 투자는 외국에서 일과 생활을 해낼 수 있고, 일과 생활의 공간도 언어향상의 공간으로 이용해낼 수 있는 기본적인 의사소통 수준을 위한 것입니다.

단순히 비용이 없다고 하여 맨 땅에 헤딩하듯 도전하여 '뻔한' 실패의 수렁에 빠지지 말고, 언어, 경험, 돈 세 마리 토끼를 잡기 위한 똑똑한 워킹홀리데이 계획을 세워보길 바랍니다.

07
부익부 빈익빈, 언어잠복기

언어실력 향상을 더불어 추구하는 해외도전에서 가장 중요한 사항은 바로 언어잠복기의 빠른 극복입니다. 이는 아무리 반복해 강조해도 지나치지 않습니다. 더구나 일을 하고, 일의 공간을 언어능력 향상의 공간으로 이용해야 하는 워킹홀리데이 성공에 있어서는 더욱 중요하고 핵심적인 사항입니다.

언어잠복기란 기본적인 의사소통 능력이 불가능한 상태를 말합니다. 이러한 언어잠복기 시기에는 외국생활이 흥미롭게 느껴지기는커녕 괴로움으로 다가옵니다. 말 못하고 못 알아들으니, 불편한 것을 떠나 미안해서라도 사람을 회피하게 됩니다. 현지인과 함께 하는 일을 구하기도 어려울뿐더러, 일을 구하더라도 단순 육체노동의 일이 될 수밖에 없으니 피로만 쌓일 뿐입니다. 파티를 가도 두려울 뿐이며, 펍에서 어울려도 그저 술만 취합니다. 여행을 가도 단순 구경꾼이며, 숙소도 한국인들과 함께 하게 됩니다. 작은 문화적 차이를 인종차별이나 왕따 당하는 것으로 오해하는 경우가 발생하고, 실제 언어로 인해 무시 받는 경우를 겪기도 합니다.

이런 생활이 반복되면 짧은 시간 안에 멘탈이 무너지게 됩니다. 그러면 출국 전에 출국을 고민했던 것과 같이 해외에 나와서도 또다시 의미 없는 고민 속에서 헤매다가 결국 한국인 숙소, 한인잡(job), 한국인 친구들 등 한국적인 환경에서만 지낼 뿐입니다. 한국인과 어울림은 한국인이 많아서가 아니라, 이러한 언어잠복기의 멘탈 붕괴의 결과입니다. 한국인과 어울리는 이유에 대해서 정확히 이해하고, 혹여 그것을 자신의 핑계로 삼아서는 절대 안 되겠습니다.

워킹홀리데이 언어습득의 실패 원인은 프리토킹(Free Talking) 학습방법에 대한 오해에 있습니다. 많은 사람이 단지 외국이라는 환경에만 있으면 언어실력이 늘지 않을까 하는 막연한 기대를 하는데, 언어잠복기 수준에서는 프리토킹이 가능하지 않을뿐더러, 프리토킹 식의 방법으로 언어습득을 시도해 봐야 10년 이상이 흘러도 실력은 향상되지 않습니다.

하지만 언어잠복기라는 변곡점을 넘어 기본적인 의사소통의 자신감을 갖게 된다면 프리토킹 학습법도 의미를 갖게 됩니다. 현지인과 함께할 수 있는 일을 구할 수도 있으며, 일이라는 공간을 효과적인 어학연수 공간으로 이용 가능합니다. 파티, 펍, 여행, 봉사, 숙소, 다양한 모임 등도 언어향상의 어학연수 공간으로 이용할 수 있습니다. 친구도 많이 사귀고, 행복한 추억도 만들면서 언어능력 향상과 즐거움을 동시에 획득할 수 있습니다.

이는 경제법칙인 부익부 빈익빈 개념과도 같습니다. 말콤 글래드웰이 [아웃라이어]라는 저서에서 말한 성공의 법칙 '마태복음 효과'도 같은 개념입니다. '가진 자는 더 많이 가질 것이요. 없는 자는 그 가진 것조차 빼앗기리라.' 즉 언어잠복기를 넘길 정도로 소통의 자신감을 갖는다면 이후 더욱 많은 언어적 환경에 부딪히며 실력이 향상될 것이고, 반면 언어잠복기 이전이라면 그나마 알고 있던 어휘나 표현도 사용하지 못하고 더욱 위축되고 비관에 빠지게 될 뿐이라는 것입니다.

위 개념은 워킹홀리데이를 이미 경험해 본 사람들이 예외 없이 동의하는 현실입니다. 이중 실패의 악순환만 경험하다 온 이들은 출국 전, 그리고 해외생활 초기 언어공부에 투자하지 않은 것을 뼈저리게 후회합니다.

언어잠복기에 대한 개념은 정말 중요합니다. 이로부터 모든 것이 달라지기 때문입니다. 언어잠복기 극복으로부터 언어자신감을 갖게 되고, 언어 자신감이 있어야만 일, 경험, 돈, 여행, 보람, 행복 등 모든 것이 가능해진다는 것을 명심해야 합니다.

08
출국 전 2달 공부

언어잠복기를 줄이기 위해 첫 번째 할 수 있는 것은 출국 전 한국에서의 언어학습입니다. 다음의 원칙에 따라서 출국 전 영어공부를 열심히 해보길 바랍니다.

1. 무엇을, 왜?

출국 전에는 단어, 문법, 듣기를 공부합니다. 이러한 것들이 바로 언어의 뿌리 학습에 해당되는 것이고, 이러한 것들은 한국에서 하나 외국에서 하나 차이가 없는 학습이기 때문입니다.

간혹 출국 전 회화학원을 다니는 경우가 있는데, 외국에 간다는 것은 거대한 회화학원에 가는 것과 같기 때문에 한국에서 회화학원을 다닐 필요성은 낮습니다. 별 효과를 보지 못한다는 의견이 대부분입니다. 한국에서는 회화가 빠르게 향상될 수 있도록 돕는 기본기인 뿌리 학습을 셀프스터디 하는 것이 더 효과적입니다.

2. 기간

출국 전 공부는 오래 하면 할수록 좋고, 많이 하면 할수록 당연히 좋을 것입니다. 하지만 우리 모두는 언어 이외에도 학교 전공이나 직장생활 등 다른 주요한 탐구의 대상이 있으므로 출국을 위한 언어공부로 무작정 시간을 비워둘 수는 없습니다.

다만 출국을 위해서 일반적으로 1~3달 이전에는 일상을 정리하게 되니, 그 이전부터 자투리 시간에 공부하고, 출국 전 1~3달 정도를 온전히 언어준비에 투자하는 것이 바람직합니다. '온전히'라는 것은 하루 대부분 시간을 투자하는 것을 의미합니다.

간혹 출국 전 공부시간을 최대한 길게 계획하고자 하는 경우를 보는데, 이는 좋은 방법이 아닙니다. 휴학이나 기타 전체 공백 기간이 정해진 상황에서 해외도전의 시간을 갖는다면, 한국에서의 시간은 출국 전 시간보다는 귀국 후 시간을 더 길게 갖는 것이 유리합니다. 귀국 후에는 언어능력, 언어학습능력, 기타 세계관이 확장된 상태이기 때문에 더욱 효과적인 시간을 가질 수 있기 때문입니다.

3. 필요성

워킹홀리데이는 해외도전입니다. 도전만 있다면 한국의 청년 누구나 잘 해낼 수 있습니다. 하지만 '해외'라는 배경에서의 도전임을 간과해서는 안 됩니다. 언어가 바탕이 되지 않는 해외도전은 또 다른 좌절감만 안겨 줄 뿐임을 두려운 마음으로 명심해야 합니다.

한국에서 환송식이나 하며 만용을 부리지 말고, 꼼꼼하게, 지독하게 출국 전 언어학습에 몰입해야 합니다.

4. 공부에 관한 세부사항

편의상 외국어 중 영어로 한정해서 설명하겠습니다. 다른 언어권 워킹홀리데이를 가는 경우에는 해당 언어로 바꿔서 적용하길 바랍니다.

1) 단어

중등단어장을 구입하여 공부합니다. 일단 외우고, 다 외우면 두 번째는 영단어를 가리고 한국어 뜻을 보고 바로 영단어를 말할 수 있도록 연습합니다. 이후 단어의 각 예문을 한글 뜻을 보고 영작연습을 합니다.

단어는 많이 알면 알수록 좋습니다. 다만 우리 모두 언어에만 무한정 시간을 쏟을 수는 없으니, 우선 대화에서 필요한 단어를 익히는 것이 중요합니다. 원어민도 평생을 1,500단어 이내에서 사용한다고 합니다. 중등단어장이 바로 그 정도 수준을 담고 있습니다.

2) 문법(문장)

문법을 수학적인 공식으로 접근해서는 회화에 도움이 되지 않습니다. 문법이란 문장을 많이 읽고 많이 접해서 익숙해지는 언어의 흐름 같은 것입니다.
[Grammar In Use] 등의 회화 목적의 문법서를 구입해서 소리 내 읽고, 쓰기를 반복합니다. 문법 개념은 소설책 읽듯 읽고 이해하면 됩니다. 한 번에 집중해서 공부하기 보다는 가볍게 몇 회 이상 반복하면 좋습니다. 출국 이후에도 꾸준히 공부하길 바랍니다.

3) 듣기

듣기 훈련은 받아쓰기 연습이 효과적입니다. 그 중 추천하는 것은 '네이버 사전 어플 〉 영어사전 〉 오늘의 회화'입니다. 한 문장씩 들을 수 있어서 받아쓰기 연습에 편리하고, 회화표현을 익히기에도 도움이 됩니다. 이후 실력이 향상된다면 드라마 등에서 2~3분 분량을 떼어내서 연습할 수도 있습니다. 받아쓰기는 혼자 하기 지겨울 수 있으니 몇 명이서 함께 스터디를 하면 좋습니다.

워킹홀리데이 도전은 '해외도전'임을 명심하고, 2개월 내외 정도라도 하루 전폭적으로 언어준비에만 몰입하는 시간을 가져보길 바랍니다.

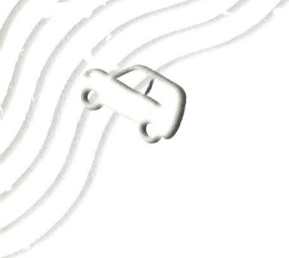

09
출국 초 2달 공부

출국 전 기반학습에 더하여 언어 잠복기 단축을 위해 출국 이후 초기 2개월 정도 언어학습에 집중하는 것이 좋습니다. 물론 초기 어학연수를 하는 것에는 비용이 소요됩니다. 하지만, 이러한 투자는 이후 10배 이상으로 언어, 경험, 돈 이렇게 세 마리 토끼를 잡는데 큰 도움이 됩니다.

언어가 없는 워킹홀리데이 도전은 이미 언급했듯이 한인 잡, 한인 숙소, 한국인 친구 등 한국커뮤니티에서만 생활하게 합니다. 급여도 높지 않고 해외생활의 의미도 찾을 수 없기 때문에 조기귀국으로 결론이 나는 경우가 대부분입니다.

하지만 언어가 있는 워킹홀리데이 도전은 현지인 잡, 외국인 셰어하우스, 외국인 친구 등 다양한 세계를 경험하게 합니다. 현지인 잡이라 시급도 높습니다. 언어, 경험, 돈, 세 마리 토끼를 잡을 수 있고, 인생 최고의 전성기와도 같은 행복감이 덤으로 주어집니다.

조삼모사라는 고사성어가 있습니다. 초기 비용을 아꼈다고 좋아하는 것은 조삼모사와 같은 형국이 됩니다. 초기에 약간의 투자를 하여 궁극적으로 훨씬 큰 것들을 얻을 수 있도록 해야 합니다.

초기 어학연수는 영어권의 경우 아시아권 연계 워킹홀리데이 방법과 워킹홀리데이 국가에서의 초기 어학연수 방법이 있습니다. 다른 언어권의 경우에는 연계 연수 개념이 없으므로 워킹홀리데이 국가에서의 초기 어학연수 방법을 선택할 수 있습니다.

1. 필리핀 어학연수

필리핀 어학연수는 1:1 수업 형태와 기숙학원이 특징입니다. 1:1 수업은 낮은 레벨에게도 영어 스피킹 기회를 보장하고, 숙박, 식사, 세탁, 청소 등이 일괄 제공되는 기숙학원은 온전히 공부에 몰입할 수 있게 해줍니다. 이로 인해 초기 공부의 어학연수 환경으로는 서구권 보다 훨씬 효과가 높습니다.

서구권은 15명 정도의 단체 수업이라 내 노력 없이 스피킹 기회를 얻기 어렵고, 통학, 식사, 세탁, 청소 등 생활에 소비되는 시간이 많아 공부에 몰입하기 어렵습니다. 언어사용의 자신감 획득 이후라면 서구권이 영어 사용 기회가 많아 당연히 유리하겠으나, 자신감 이전의 수준이라면 필리핀이 더 유리합니다.

수업은 1:1 수업과 소그룹 수업 합해서 하루 평균 8시간 정도입니다. 이때 주의할 점이 아무리 1:1 수업이라 하더라도 프리토킹 식으로 하면 효과가 없으니 미리 대화할 내용을 꼭 예습해야 한다는 것입니다.
필리핀 어학연수 비용은 월 수업과 숙식비를 모두 합하여 평균 110만 원 내외입니다.

발음이 이상하다는 질문을 하는 경우가 있는데, 성인의 발음은 언어잠복기 이후 리스닝 연습을 많이 하면서 향상되는 것인데, 필리핀 어학연수는 언어잠복기를 줄여주므로 발음에도 오히려 도움이 되는 나라입니다. 즉, 언어잠복기를 단축시켜 어느 정도 실력을 갖춘 상태에서 가능한 드라마, 뉴스 등 리스닝 매체 훈련을 보다 빠르게 할 수 있게 하며, 발음은 이러한 리스닝 훈련의 결과로 좋아지는 것이기 때문입니다. 이는 직접 경험해보면 알 수 있습니다.

치안은 사업가끼리의 암투로 인해서 주기적으로 청부살인에 대한 뉴스가 보도되곤 하는데, 필리핀 어학연수와는 관계없는 일이라 할 수 있습니다. 대부분을 학원 및 기숙사에서 실내생활을 한다는 점도 고려해야 합니다.

2. 인도 어학연수

인도 어학연수는 수업 구성, 기숙학원, 비용, 발음, 치안 등 전반적인 내용은 필리핀과 동일하므로 필리핀 어학연수 내용을 참고하면 됩니다.

인도는 필리핀에 없는 추가적인 국가 경험의 가치가 있습니다. 인도는 구매력 기준으로 중국, 미국과 더불어 세계 3대 경제 대국이며, 평균 나이 27세의 젊은 대륙이고, 인구증가율이 중국보다 높아 향후 구매력의 꾸준한 상승이 예상되는 경제대국입니다. 구글, 마이크로소프트, 노키아의 CEO는 인도인이며, 이외 다국적 기업의 경영진으로 인도인들이 가장 많이 활동하고 있습니다.

우리의 미래에 가장 큰 의미가 있을지 모를 나라 인도를 한국에서는 너무 모르고 있습니다. 오로지 오지 여행이나 독특한 문명, 또는 위험한 나라로만 오해하는 경우가 많습니다. 이로 인해 어학연수로 인도를 경험한 이들은 예상과 다른 인도의 모습에 놀라움을 토로하곤 합니다.

유흥이 없는 수행 정진의 분위기는 공부의 어학연수 환경으로 유용하며, 강사진의 지적 수준이 높아 어학연수 효과도 가장 높은 나라가 인도입니다. 안전에 관해서는 하루만 생활해보아도 언론의 사건·사고에 대한 편견임을 느낄 수 있습니다.

인도여행은 전 세계 젊은 배낭여행자들의 꿈입니다. 저렴한 비용으로 다양한 여행을 하고, 자기 철학을 습득할 수 있는 나라가 인도입니다. 아울러 서구 젊은 여행자들이 많아 여행을 어학연수 환경으로 이용하기에도 좋습니다.

필리핀과 인도는 많은 사람이 가진 온갖 편견에도 불구하고 필자가 한국에 널리 퍼뜨린 어학연수 국가입니다.
필리핀은 90년대 후반부터 추천하였고, 지금은 한국인뿐만 아니라 전 세계인이 찾는 어학연수 국가가 되었습니다. 한국형 어학연수가 글로벌 스탠다드화 된 것으로 개인적으로 큰 보람을 느낍니다.

인도는 2000년 중반부터 앞으로 한국의 발전에 중요한 나라인 인도와 한국의 젊은이들이 많은 인연을 맺게 하고자 추천하기 시작했습니다. 4대 경제대국 중 미국, 중국, 일본에 비해 인도 경험자가 턱없이 부족하기 때문입니다. 이로 인해 인도 어학연수 경험자들은 취업에 있어서도 여러 면에서 큰 도움이 되고, 여러 면에서 자신만의 독창적 가치가 된다고 말합니다. 지금 이 시대에 있어서 개인적으로 가장 추천하고픈 어학연수 국가가 바로 인도입니다.

필리핀과 인도는 워킹홀리데이 전 초기 어학연수뿐만 아니라, 단독으로 방학 등을 이용해 2~3개월 정도 어학연수 하기 좋은 국가들입니다. 시간이 없어서 장기 경험이 어렵고, 비용이 부족해 서구권 경험이 어렵다면 이 두 나라에서의 단기 어학연수라도 꼭 경험해보길 바랍니다. 프리토킹이 아닌 공부의 어학연수를 한다면 서구권 중장기 어학연수보다 더 큰 효과를 볼 수 있습니다.

3. 워킹홀리데이 국가에서의 어학연수

워킹홀리데이 생활을 시작할 국가에서 비용에 따라 초기 1~3개월 어학연수를 하는 것을 말합니다. 이 경우 일반적인 어학연수 형식처럼 한 반에 12~15명 내외의 단체 수업을 진행합니다.

초기 어학연수를 한다면 우선, 초기에 가서 머물 곳이 있다는 것이 큰 장점입니다. 어학연수를 시작할 경우에는 홈스테이나 기숙사 등을 어학원에서 준비해주기 때문입니다. 어학원에서 전 세계 다양한 친구를 사귈 수도 있습니다. 여러 면에서 외국생활 적응기의 막막함이 사라지고, 즐거움과 언어학습의 유용함으로 외국생활을 시작할 수 있습니다. 또한, 어학연수 생활 동안 여유 있게 일자리와 이후 거주할 숙소를 구할 수 있습니다.

이상 언어잠복기 단축을 위한 초기 어학연수 방법에 대해서 알아보았습니다. 영어 수준이 낮고 비용이 부족한 경우라면 워킹홀리데이 국가 초기 어학연수보다는 필리핀이나 인도 어학연수를 하는 것이 낫습니다. 영어 수준이 중급 이상이라면 워킹홀리데이 국가에서 초기 어학연수를 하는 방법을 고려할 수 있습니다.

비용이 1,000만 원 내외로 준비될 수 있다면 [아시아권 어학연수→워킹홀리데이 국가 초기 어학연수→워킹홀리데이 생활]과 같은 패턴으로 해볼 수 있습니다. 여러모로 어학연수 효과와 워킹홀리데이 효과를 극대화 시키는 방법입니다.

10 일자리 FAQ

워킹홀리데이 비자의 가장 큰 특징은 일할 수 있도록 허가된 취업비자라는 점입니다. 따라서 예비 워홀러에게 일자리 정보는 가장 큰 관심사입니다.

다만, 한국에서 워킹홀리데이 갈 국가의 일자리 정보를 구하는 것은 어떤 종류의 일이 있는지, 구인 사이트에는 어떤 것이 있는지 등이 전부입니다. 개별 일자리 정보와 구직활동은 채용 인터뷰, 트라이얼(수습) 기간을 통해 현지에서만 이루어질 수 있기 때문입니다.

워킹홀리데이 일자리에 관한 몇 가지 사항에 대해 Q&A 형식으로 알아보도록 하겠습니다.

Q. 일자리에는 어떤 것들이 있나요?

일자리 종류는 한국에서 아르바이트로 할 수 있는 일들과 거의 일치합니다. 대부분 서비스 직종과 관련이 있습니다. 레스토랑 웨이터, 웨이트리스, 주방 보조(키친핸드), 커피숍 서빙, 바리스타, 패스트푸드, 설거지(디시워셔), 호텔, 리조트, 마트, 펍, 샌드위치 샵, 여러 다양한 매장의 점원, 오피스 사무보조, 청소, 이사 등의 일을 하게 됩니다. 딱히 정해진 일자리 범위는 없습니다.

워킹홀리데이 관련 용어로 위와 같은 일들을 '시티잡(City Job)'이라 부릅니다. 동일한 아르바이트를 중소도시 이하 시골 지역에서 하면 '시골잡'이라 부르기도 합니다. 이러한 시티잡은 풀타임 근무를 할 수도 있고, 파트타임으로 투잡 이상을 하는 경우도 있습니다.

워킹홀리데이 국가에 따라서는 위 서비스 직종 아르바이트 이외에 1차, 2차 산업인 농장, 공장, 어업, 광업 등의 일을 하기도 합니다. 대표적으로 호주를 들 수 있는데, 농장, 공장 등에서 일을 하기도 합니다.

Q. 워킹홀리데이로 전문직종의 일을 할 수 있나요?

현실적으로 어렵습니다. 대부분 전문직종의 일을 하기 위한 영어 실력과 해당 분야 경력이 충족되지도 않지만, 비자 기간이 1년 이내로 짧아서 채용이 이루어지기도 어렵고, 국가에 따라서는 규제가 있기도 합니다. 간혹 확률적으로 매우 낮지만, 전문직종 채용이 되어 워킹홀리데이 비자 이후 취업비자로 갱신하여 체류하는 경우도 있기는 합니다.

전공 관련 인턴십을 원하는 경우 서비스 직종인 호텔, 리조트, 조리, 제과, 제빵 등의 분야라면 가능한 경우가 있습니다. 이외 일반 기업체 순수 인턴은 쉽지 않습니다.

Q. 일은 어떤 방법으로 구하나요?

일을 구하는 방법은 한국과 거의 비슷합니다. 인터넷을 통해 지원 / 직접 방문하여 이력서와 자기소개서 제출 / 구직센터 이용 / 신문, 잡지 이용 등입니다. 이 중 가장 보편적인 방법은 직접 발품을 팔면서 이력서와 자기소개서를 배포하는 것입니다. 이력서와 자기소개서를 합쳐서 CV라 부릅니다.

CV를 배포할 때는 단정한 옷차림과 미소, 단정한 자세를 갖는 것이 필요합니다. 구인담당 매니저가 그 자리에 있다면 이때 첫인상은 면접의 일부가 될 수 있기 때문입니다. 무뚝뚝한 표정은 구직의 최고의 적입니다.

CV 배포는 그저 아무 거리나 지나면서 무조건 배포할 것이 아니라, 자신의 장점이 어필될 수 있는 곳, 관심이 가는 곳 등을 정기적으로 방문하여 배포하는 것도 도움이 됩니다.

여러 곳에 배포를 한다고 해서 바로 연락이 오는 것은 아닙니다. 자리가 생길 때 관심이 가는 구직자에게 연락을 하게 됩니다. 연락을 받고 면접을 통해 채용이 이루어집니다. 면접 시에도 무뚝뚝한 표정은 최고의 적입니다. 미소를 띤 얼굴로 호감을 주도록 합니다. 그리고 면접 시 질문은 비슷한 편이니 간단한 면접 표현은 미리 공부를 해두어야 합니다.

채용은 한 번에 정식으로 이루어지기보다는 트라이얼(수습) 과정을 거치게 됩니다. 트라이얼은 사업장 마다 다른데 하루, 또는 일주일, 긴 곳은 한 달을 정하는 곳도 있습니다. 트라이얼 기간에도 시급 급여는 받습니다. 트라이얼 시기에도 가장 중요한 것은 손님을 대하는 미소와 친절입니다. 이러한 부분에서 부족하다면 트라이얼 기간을 통과하지 못하는 경우도 있습니다.

Q. 직접 구하는 방법과 잡에이전시(직업소개소)를 통하는 방법

일은 본인이 직접 구하는 것이 원칙입니다. 일을 구하는 과정 자체가 워킹홀리데이 도전의 가장 핵심적인 경험이기 때문입니다. 구직 과정과 성공에서 큰 자신감을 얻을 수 있습니다.

다만 일부 직종은 본인이 직접 일을 구할 수 없는 경우가 있습니다. 대형 호텔, 대형 리조트 등의 큰 사업장, 일부 공장 등은 잡에이전시를 통해서만 구인을 하는 경우가 있습니다. 한국에서도 큰 규모의 사업체에서는 직접 아르바이트 인원을 뽑지 않고 대행업체를 통해서 구인하는 경우가 있는데, 그와 동일합니다.

이런 경우라면 한국에서 일을 알선해주는 프로그램을 신청해서 가거나, 또는 현지에서 잡에이전시를 통해 구직을 해야 합니다. 이 경우에는 별도의 직업 알선 비용이 발생하며, 경우에 따라 50~150만 원 정도입니다.

Q. 한인잡? 현지인 잡?

한 학생의 워킹홀리데이 후기 중 일부 내용을 참고하겠습니다.

> *한인잡을 하는 분들의 경우, 물론 다들 자신만의 목표가 있고 처지에 맞게 결정 했겠지만, 상대적으로 영어 환경에 취약할 뿐만 아니라 해외에서만 경험할 수 있는 돈 주고도 못 사는 소중한 경험을 못하게 됩니다. 따라서 열심히 준비하고, 일을 구하는데 다소 시간이 걸리고 힘들더라도 오지잡('오지'는 호주인을 의미함)을 구해서 좀 더 다양한 경험을 쌓는 것이 좋다고 생각합니다.*

위 내용 중 현지인 고용주의 일은 언어 환경에도 도움이 되고 '돈 주고도 못 사는 소중한 경험'이라 말하고 있습니다. 물론 현지인 고용주 잡은 급여도 더 높기 때문에 돈도 더 벌게 되지만, 오히려 돈을 주고라도 경험해보아야 할 가치 있는 경험이 된다는 것입니다.

한인잡은 초기 일시적으로 하거나 기타 특별한 상황이 아니라면 피해야 할 것입니다. 다만 고용주가 한인이라 하더라도 현지인 고객을 상대하는 것은 예외로 합니다.

Q. 20대의 일

20대가 다른 세대와 달리 갖는 장점은 몸입니다. 워킹홀리데이 도전은 그러한 20대의 장점을 이용하기 위한 도전입니다. 일을 하면서 힘들고 고되고 지

루함이 극에 달해 멘탈이 무너지는 경험을 할 수도 있습니다. 이는 평생의 일을 위한 수련의 과정이 됩니다. '내가 왜 이렇게 외국에서 이런 일이나 하고 있나?'가 아니라, '아, 이런 경험이 앞으로의 내 삶에 얼마나 큰 도움이 될까?'라는 기대감이 정확한 관점입니다.

간혹 워킹홀리데이 비자로 외국에 나가 쉬운 일이나 업무의 주체가 되는 일을 경험해보고자 하는 경우가 있는데, 현실적으로 불가능합니다. 20대의 일은 몸을 이용하는 일, 말단의 일입니다. 20대는 바로 그러한 일에서 성실성을 연마하는 시기입니다.

Q. 일을 구하는 것이 어렵다?

워킹홀리데이로 같은 나라를 가도 어떤 이는 일자리 구하기가 쉬웠다고 하고, 어떤 이는 일자리 구하기가 하늘의 별따기라고 합니다. 어떤 특정 나라가 경제위기에 있을 때 어떤 이는 그래도 일자리를 잘 구하기도 하고, 어떤 이는 경제위기라서 절대 구하기 어렵다고도 합니다. 같은 나라, 같은 시기에 간 경험자들의 의견이 중구난방이다 보니 어떻게 이해를 해야 할지 헷갈립니다.

결론은 언어문제입니다. 언어능력이 어느 정도 갖춰져 있다면 어떤 나라를 어떤 시기에 가도 일자리를 구할 수 있습니다. 만일 경제위기가 있다 하더라도 그것은 그 나라 정규직의 일일 뿐 파트타임 아르바이트에 해당 되는 것은 아닙니다. 반면 언어 실력이 없다면 현지인 고용주의 일자리를 구하는 것은 매우 어렵습니다. 수백 통의 이력서를 열심히 뿌려도 전화벨은 울리지 않습니다. 행여 면접을 본다 하더라도 매우 기본적인 소통도 안 되는 처지이니 채용이 되기 어렵습니다.

물론 일자리가 늘 뚝딱 구해지는 것은 아닙니다. 하지만, 기본적인 언어능력과 성실한 구직활동이 있다면 보통 2주 내외로 일을 구하는 모습을 흔히 봅니다. 국가에 따라서, 경우에 따라서 다소 오래 걸린다 하더라도 1달 이내에는 풀타임 또는 파트타임으로 투잡을 구하는 경우를 흔히 봅니다.

Q. 일은 최고의 어학연수

어떤 이들은 일을 하면서 언어를 익히는 것은 허무맹랑한 소리라 합니다. 반면 어떤 이들은 일할 때 가장 언어 실력이 많이 늘었다고 합니다. 사람마다 의견이 다르니 예비 워홀러들이 헷갈립니다.

이 또한 결론은 언어능력입니다. 기본적인 언어능력이 갖춰졌다면 일이라는 공간은 수많은 동료와 고객을 상대하는 최고의 어학연수 공간이 되지만, 언어능력이 전혀 없다면 묵묵히 숨어서 하는 일만 선호하게 되기 때문입니다.

이에 관해서 후기 하나를 참고하겠습니다.

> 저는 꼭 현지에서 일을 할 것을 강력하게 추천합니다. 실제로 학교에서 배우는 아카데믹한 영어와 실제 거리에서, 혹은 직장에서 쓰는 영어는 정말 다릅니다. 학교에서 배우는 영어는 문법적으로 완벽한 문장을 가르칩니다. 하지만 거리에서 쓰는 영어는 학교에서 쓰는 영어와는 조금은 다릅니다. 간단히 말하느라 생략도 많고, 슬랭도 많고 속도도 엄청 빠르게 말하죠. 일을 하게 되면, 실제 쓰이는 말 위주로 많이 듣게 되고, 실용적인 부분에서 영어 실력이 많이 늡니다. 그래서 외국인들과 같이 일할 수 있는 곳이라면 어디든 찾아가서 일하라고 권유하고 싶네요. 일을 구하는 것을 무섭게 생각하지 말고요. 제 경우에도 밴쿠버 다운타운에 호텔이란 호텔은 다 돌아다니면서, 발품 팔아가며 이력서와 커버 레터를 냈었습니다. 레스토랑에서 디쉬워셔도 해보았고요. 이후 밴쿠버 다운타운에 있는 객실 60개짜리 L'hermitage 호텔에서

하우스키핑 일을 하였습니다. 그때 저는 하우스맨 일을 하였습니다. 언제나 무전기로, *supervisor*와 *house maid* 간에 소통을 원활히 해야 했고, 호텔을 방문하는 투숙객의 요구사항이나 문제점을 해결하는 일이었습니다.

저만 한국인이고 나머지 직원들은 정말 영어를 잘하는 외국인뿐이었죠. 적응하는데 처음에 많이 애도 먹었지만, **그때만큼 영어가 많이 늘었던 적이 없었던 것 같네요.**

11
숙소, 여행자의 마인드로

숙소 구하기는 일 구하기와 마찬가지로 예비 워홀러들이 가장 궁금해하는 사항 중 하나입니다. 출국 전에는 내가 갈 국가의 대략적인 숙소와 숙소 사이트, 그리고 처음 입국하여 단기 체류할 여행자 숙소 등을 알아두면 됩니다.

숙소라는 것은 집을 본인이 직접 둘러보아야 하고, 집주인이나 그곳의 기존 셰어메이트 들도 들어올 사람을 직접 만나야 합니다. 계약도 본인이 직접 해야 하기 때문에 현지에서만 진행 가능합니다. 따라서 처음에는 여행자의 마인드로 여행자 숙소 등에 단기 체류하면서 그 기간 내에 숙소를 구하면 됩니다.

숙소는 해당 국가의 방 구하기 관련 유명 사이트, 여행자 숙소, 학원, 슈퍼마

켓 등 외국인 밀집지역 게시판, 부동산 등 여러 루트로 알아볼 수 있습니다. 이외 어느 정도 현지 체류 후에 숙소를 구할 경우에는 여러 외국인 친구들에게 널리 알려서 추천을 받을 수도 있습니다.

워킹홀리데이로 가서 체류할 수 있는 숙소의 형태는 다음과 같습니다.

1. 셰어 하우스

셰어는 흔히 우리가 '하우스 메이트'라고 하는 것과 같습니다. 누군가 아파트 하나를 렌트를 하고, 그 사람이 나머지 방을 다른 사람들에게 세를 주는 것입니다. 그리고 주방, 거실 등을 나눠 사용하는 것을 '셰어'라고 부릅니다. 외국의 경우 이러한 셰어 형태를 위한 집이 많은 편입니다.

셰어를 구할 때는 여러 광고 중 가격이나 조건 등 자신과 맞는 곳을 추린 뒤, 연락을 하고 직접 집을 둘러보게 됩니다. 경우에 따라서 그 집의 기존 셰어메이트들이 새로 들어올 사람을 면접하는 경우도 있습니다. 이렇게 본인도 집과 구성원들을 둘러보고, 그곳 주인과 구성원들도 새로 들어올 사람을 평가하며 서로 마음이 맞으면 계약을 진행합니다.

워홀러들 사이에서 셰어를 한인셰어, 외국인셰어로 구분해서 부르곤 합니다. 한인셰어는 한국인 렌트 계약자가 있으며 주로 한국인들만 거주하는 형태를 말하며, 외국인셰어는 외국인들과 함께, 또는 외국인들만 거주하고 있는 형태를 말합니다.

생활정보, 정착 정보, 일 구하기 정보 등을 빠르게 취득하기 위해서 초기 짧은 기간 동안은 한인셰어를 하는 것도 나름 유용합니다. 하지만, 이후 외국인 셰어로 옮기는 게 좋습니다. 언어와 경험을 위해서는 외국인셰어가 유용하기 때문입니다. 간혹 언어와 문화 차이로 외국인 셰어 적응에 애를 먹기도 하지만, 그러한 과정 자체가 큰 경험이 된다고 생각해야 합니다.

간혹 한국에서 미리 한인셰어를 구하고 가는 경우가 있는데, 돈을 송금하면 연락이 두절되는 사기 사고가 간혹 있으니 조심해야 합니다.

2. 홈스테이

초기 어학연수를 한다면 어학연수 기간에는 홈스테이에서 생활할 수 있습니다. 홈스테이는 현지인 가정집에서 생활하는 것을 말합니다. 주중 2식, 주말 3식을 제공받게 되며 일반적으로 1인실이 많습니다. 현지인과 24시간 영어 사용 환경을 가질 수 있다는 점이 장점이며, 현지인 가족과 함께 생활하며 그

나라 문화를 경험해보기 좋은 형태입니다. 보통 어학연수 기간이 끝나거나, 또는 첫 홈스테이 한 달 이내에 셰어를 구해서 나가는 경우가 많습니다. 홈스테이는 일반적으로 어학연수를 하는 학원에서 구해줍니다.

3. 렌트

본인이 직접 집 계약을 하는 것을 말합니다. 원룸 형태를 일컫는 스튜디오 타입으로 방을 구해서 직접 계약을 하여 거주하는 경우도 있고, 셰어를 위한 집을 렌트하고 나머지 방을 셰어로 내주는 경우도 있습니다.

다만 홀로 생활은 언어와 경험 환경에 유용하지 못하다는 점을 고려해야 하고, 셰어를 위한 렌트는 현지 경험이 어느 정도 축적된 상태에서 가능한 일이라 1년 이내 체류자의 경우 고려하기 어렵습니다.

4. 여행자 숙소

호스텔, 백패커스, B&B(Bed and Breakfast), 게스트하우스 등 형태별, 국가별 다양한 여행자 숙소가 있습니다. 이러한 여행자 숙소는 워킹홀리데이 초기 생활에 셰어를 구하기 전까지 임시숙소로 이용하게 됩니다.

여행자들은 다양한 친구를 사귀고 싶어 하기에 외국인 친구를 사귀는 등 언어 사용 환경에 있어서는 나름 장점이 있지만, 한 방에 4~8명 정도 함께 거주하는 경우가 많고, 짐을 수납할 곳이 마땅치 않아서 장기숙소로는 적합하지 않습니다.

12
언어란 무엇인가?

워킹홀리데이 생활을 하면서 많은 친구를 사귀려고 해도 언어의 장벽으로 인해 지레 포기하는 경우가 많습니다. 물론 언어에 관한 공부는 열심히 지속해야 하겠으나, 그 언어능력이 다소 부족하다고 하여 새로운 경험, 새로운 사람에게 다가서는 것을 주저해서는 안 됩니다.

언어는 단순히 말하기 기술의 문제는 아닙니다. 언어와 언어관계에 대해 정확한 지식과 철학을 가지고, 그것을 바탕으로 새로운 의미의 자신감을 가져 보길 바랍니다.

1. 언어는 의사소통의 도구일 뿐

언어가 가진 의미의 절대적인 부분은 '의사소통의 도구'라는 것입니다. 문법적으로 실수가 없고 어색하지 않은 정확한 어휘의 사용 등은 세련된 언어사용 방법은 되겠으나, 실수가 많고 어색한 단어로 의미를 전달하는 것과 언어의 본질에서는 크게 다를 바 없습니다.

언어를 배우기 위해서는 언어를 현란한 기술의 문제로 볼 것이 아니라, 의사소통의 도구라는 관점에서 접근해야 합니다. 한국인은 특히 영어의 경우 문장으로 완성이 안 되면 아예 말하려는 시도조차 하지 않는 경향이 있는데, 이는 한국인들이 영어를 못하는 가장 큰 이유입니다.

홍콩의 한 국제교도소에는 세계 각국의 죄수들이 모여 있는데, 그들은 200여 개 정도의 단어로 모두 활발한 의사소통을 한다고 합니다. 물론 배움과 더불어 언어의 세련미를 높여 나가야 하겠으나, 어떤 단계에서도 언어 사용은 가능해야 합니다. 단어 200개, 500개, 1,000개 수준에서도 각 수준에 맞는 의사소통이 가능해야 한다는 것입니다.

지금은 문법도 다 틀리고, 문장도 만들지 못하고, 정확하지 않은 단어를 사용하니 어느 정도 수준까지 학습 후에 언어를 사용하겠다고 생각한다면 영영 언어구사력은 늘지 않습니다. 지금 이 순간 자신의 능력에 맞는 수준으로도 시도해보길 바랍니다. 언어는 의사소통의 도구일 뿐입니다.

2. 관심, 친절

언어 관계의 지속성은 언어지식 보다 상호 간의 관심과 친절한 마음이 더욱 중요합니다. 같은 한국어 원어민 사이라도 상호 적대적이거나 무관심하다면 언어관계를 지속해 나갈 수 없습니다. 하지만, 언어지식이 전혀 공유되지 않는 외국인 관계라 하더라도 상호 관심이 있고, 친절한 자세를 갖고 있다면 얼마든지 언어관계를 만들어 낼 수 있습니다.

해외생활에서 언어관계의 불편을 호소하는 경우, 그 정황을 자세히 들여다보면 언어지식의 문제가 아닌 관심과 친절의 문제인 경우가 많습니다. 한국인은 무뚝뚝한 표정인 경우가 많은데, 외국에서는 화가 난 것으로 오해를 받기도 합니다. 숙소나 기타 어울림의 공간에서 자신만 제외당하는 경우도 생깁니다. 관심과 친절이 없으므로 생기는 대표적인 현상입니다.

관심과 친절은 웃는 얼굴에서 나타납니다. 언어지식이 다소 부족하더라도 관심과 친절을 갖추고 항시 미소로 대한다면 사람과 사람 사이의 소통은 가능합니다. 이 부분에 대한 이해를 가지고 해외생활에서 실천해보길 바랍니다.

3. 공유하는 문화, 화젯거리

언어관계에서 관심과 친절 못지않게 중요한 것이 공유하는 문화와 화젯거리입니다. 대화를 위한 이야깃거리가 없다면 금방 어색함이 흐를 수밖에 없습니다.

해외에 가기 전에는 내가 갈 나라에 대해 여러 지식을 쌓으려고 노력해야 합니다. 예를 들면 그 나라 사람이 가장 즐기는 스포츠에 대해 선수들까지 다 외울 필요가 있습니다. 그 나라에서 이슈가 되는 것들을 뉴스를 통해 매일 챙겨볼 필요가 있습니다. 이는 언어관계에 필수적인 문화, 화젯거리 등을 공유하기 위함입니다.

이상 몇 가지 언어철학에 대해 살펴보았습니다. 언어를 익히는데 가장 좋은 방법은 그 언어권 국가에 가서 살아보는 것입니다. 하지만 그 환경을 효과적으로 이용하기 위해서는 위와 같은 철학, 자세, 노력이 필요합니다. 언어는 단지 의사소통의 도구일 뿐이라는 것에 관한 철학, 미소로 친절과 관심을 표하는 자세, 함께 공유하는 화젯거리를 늘 연구하고 습득하는 노력이 필요합니다.

언어에 대한 정확한 이해를 바탕으로 성공하는 워킹홀리데이가 되길 기원합니다.

13
여행, 발자국만 찍더라도

여행은 최고의 어학연수 공간이자 경험입니다. 여행은 '큰 떠남'의 워킹홀리데이 생활 안에서 여러 개의 '작은 떠남'입니다. 워킹홀리데이 생활을 하면서 시간이 나면, 힘닿는 대로 많은 여행을 해보길 바랍니다.

1. 여행은 최고의 어학연수

서울에서는 뜬금없이 만나는 아무나와 친해지기 어렵지만, 제주도 게스트하우스로 여행을 가면 서울에서 온 여행객들과 쉽게 친해질 수 있습니다. 여행자들은 시간이 여유롭고 함께 어울리고자 하는 마인드가 있기 때문입니다. 마찬가지로 뉴욕에서 뉴요커를 사귀기 쉽지 않고, 런던에서 런더너를 사귀기

쉽지 않습니다. 하지만 주변 여행을 통해서는 뉴요커와 런더너를 사귈 기회가 생깁니다. 자신이 있는 곳의 외곽을 여행하며 자신이 있는 곳의 친구를 사귀어 보는 것입니다.

이외 여행자 숙소에서는 다양한 전 세계에서 온 여행자들과 쉽게 친해질 수 있습니다. 밤이 되면 테라스에 맥주 한 병 들고 삼삼오오 모여 깊은 토론을 나누기도 합니다. 이러한 만남과 대화 속에서 좋은 친구를 사귀고, 많은 언어 훈련의 기회를 얻게 됩니다.

2. 글로벌 퍼스펙티브 획득

'글로벌 퍼스펙티브'는 '국제적 관점'으로 해석할 있습니다. 즉, 세계적인 여러 이슈에 대해 언론이나 주변인의 의견만으로 그것을 인식하는 것이 아닌, 자신만의 관점으로 그것을 해석하고 이해할 수 있음을 의미합니다.

청춘의 시기 세계를 두루 경험하는 것은 글로벌 퍼스펙티브를 획득하기 위함입니다. 어떤 사안에 대해 그저 주위 분위기에 따라 부화뇌동하는 것이 아니라, 자신만의 관점으로 파악해 낼 수 있어야 합니다. 예를 들면 언론과 주변인들의 의견에 단지 어떤 나라에 대해 위험하다거나 비전이 없다거나 하는 식의 고정관념을 갖지 말아야 하며, 인터넷 등에서 얻는 정보에 대해서도 스스로 판단하는 능력을 갖춰야 합니다. 글로벌 퍼스펙티브의 유무는 국제화 시대에 사회적, 경제적 활동의 필수 요소입니다. 국내취업, 해외취업, 외국계 기업 취업, 투자, 이주 등 여러 측면에서 큰 의미가 있습니다.

단지 여행만으로 글로벌 퍼스펙티브를 획득하는 것은 아니지만, 백문이 불여일견이라는 말이 있듯이 직접 눈으로 확인하는 여행은 글로벌 퍼스펙티브 획득의 가장 중요한 토대가 됩니다. 워킹홀리데이 시기 두루두루 많은 나라, 많은 대륙을 경험해보길 바랍니다.

3. 적어도 3대륙은……

이번 떠남으로 적어도 3대륙은 경험해보아야 합니다. 세계에 대한 균형감 있는 시각을 갖기 위함입니다. 미주만 간다면 미주로 세계를 인식할 뿐이며, 유럽만 간다면 유럽으로 세계를 인식할 뿐입니다. 외국 경험을 한 나라로 한정하는 것은 너무도 협소한 범위입니다.

3대륙 경험은 그다지 어려운 일이 아닙니다. 만일 영어권 워킹홀리데이를 간다면, 초반 아시아권 단기 어학연수를 연계하여 아시아 한 대륙, 워킹홀리데이 국가 한 대륙, 그리고 워킹홀리데이로 비용을 모아 귀국 전 마지막 여행으로 한 대륙을 경험하면 세 개의 대륙이 됩니다. 워킹홀리데이 이후 여행만으로 4대륙 이상을 다녀오는 경우가 많습니다.

20대의 세계 경험은 '발자국만 찍더라도 무조건 가 본다.'가 되어야 합니다. 많은 곳을 가보는 것이 큰 재산이 되기 때문입니다. 그 속에서 지구 안의 다양한 삶의 모습을 느껴보고, 인류와 환경에 대한 사랑과 행동을 갖는 세계시민으로 성장해 나갈 수 있게 됩니다.

4. 홀로, 또는 다국적 드림팀으로

청춘의 여행은 홀로, 또는 다국적 팀이 적합합니다. 한국인 친구들과 함께 하는 것은 피해야 합니다. 언어 면에서 또 경험 면에서, 일종의 방해요소가 될 수 있기 때문입니다.

홀로 한다면 여정에서 다른 많은 외국인들을 만나 대화하게 될 것이고, 다국

적 팀을 꾸렸다면 여행의 여정에서 더 깊은 우정을 나누게 될 것입니다. 여행이 아니라면 배울 수 없는 언어표현도 다양한 상황에 맞닥뜨리면서 익힐 수 있으며, 경험의 폭도 넓어집니다.

다국적 드림팀을 꾸릴 수 없다면 다국적 배낭여행에 참가하는 것도 좋은 방법입니다. 서구의 젊은이들은 다국적 배낭여행에 참여하는 것이 매우 일반적인데, 대륙별로 유명 여행프로그램이 있습니다. 북미의 '트랙 아메리카', 유럽의 '탑덱', 호주와 뉴질랜드의 '오지 엑스포져' 등 이외 대륙별로 다양한 프로그램이 있습니다. 국적 구성이 다양한 15~30명 정도의 여행객들이 한 팀으로 꾸려지고 투어가이드가 리드하는 프로그램 형식입니다.

5. 슬럼프 탈출

처음 떨리는 마음으로 일정 기간을 지내보면 외국의 환경도 나에겐 또 다른 일상이 됩니다. 일상에 묻히다 보면 매너리즘에 빠지고 언어, 경험, 돈을 목적으로 했던 열정과 긴장의 시간을 잃고, 게으름과 나태, 권태 등에 빠지게 됩니다. 그러한 시기에 여행은 다시금 열정을 채우는 좋은 이벤트가 됩니다. 또한, 여행은 그 자체로 시간을 허비하는 것이 아니라, 슬럼프라는 시간낭비의 큰 흐름을 막는 것이기에 오히려 시간을 아끼는 길입니다.

워킹홀리데이 생활에서 고된 일로 다소 힘들더라도 앞으로 여행을 다닐 수 있다는 기대감으로 알뜰하게 생활할 것을 권합니다. 그렇게 알뜰히 모은 비용으로 여행에 투자한다면 평생의 가장 행복한 시간을 가질 수 있으리라 생각합니다.

14
공부, 홀로 있는 시간

워킹홀리데이는 언어, 경험, 돈 이렇게 세 가지 목적이 있습니다. 그중 다른 목적의 기반은 언어입니다. 따라서 워킹홀리데이의 가장 중요한 성취 대상은 언어라 할 수 있습니다. 다른 것은 그에 따라서 자연스레 따라오는 것입니다.

언어라는 목적을 성취하기 위해 워홀러들에게 가장 필요한 자세는 주경야독입니다. 낮에는 일하고 밤에 공부하는 것입니다. 그 언어 중 회화능력을 추구한다는 관점에서 보면 워홀러에게는 주경야독이 아니라 주실야독이 될 수 있습니다. 즉, 낮에는 실습하고 밤에 공부하는 것입니다. 이는 또한 공자의 '학이시습지'가 됩니다. '밤에 공부하고, 그것을 낮에 실습해보면 어찌 기쁘지 아니한가?'가 되는 것입니다.

그런데 워킹홀리데이 생활을 언어향상으로 연결시키지 못하는 경우가 많습니다. 왜 그런지 이유에 대해서 알아보겠습니다.

1. 외로워요?

'워킹홀리데이 생활을 왜 실패했는가?'라는 질문에 많이 나오는 답변이 '외로움'입니다. 외로움으로 인해 멘탈이 무너지고, 공부는 생각지도 못하게 되었다는 것입니다. 이는 궤변이며 핑계일 수 있습니다.

청춘의 시기 외국에 나가는 것은 온전히 자기만의 시간을 갖고, 그 시간을 자신만을 위해서만 사용하기 위함입니다. 즉, 혼자만의 시간은 바로 해외도전의 목적의 시간이 됩니다. 그 시간을 자신을 위해 사용한다는 것은 평생의 가장 유용한 도구인 언어를 익히는 데 사용하는 것입니다. 그러한 시간을 외로움으로 고통스럽다며 허비하는 것은 자신의 무분별함에 대한 궤변이며, 게으름에 대한 핑계입니다.

언어학습 방법 중 드라마 보기와 책 읽기가 있습니다. 드라마 학습은 일상 회화표현을 익히고, 리스닝 및 발음 향상에 매우 효과적입니다. 재미도 있습니다. 이러한 드라마 학습에 빠져 본다면 오히려 혼자만의 시간은 지극히 부족합니다. 외로움이라는 개념은 생길 여지가 없습니다. 책 읽기 역시 마찬가지입니다.

인간은 누구나 언제 어디서나 본질적으로 고독한 존재입니다. 고독은 발전의 무궁무진한 원천입니다. 고독을 자신의 실패에 대한 핑계로 삼아서는 안 됩니다.

2. 일을 하니까?

대부분의 워홀러들은 일을 마치고 난 이후에는 한국 예능프로그램이나 한국 드라마를 다운받아 보곤 합니다. 외국에서 보내는 하루하루가 소중한 시간인데, 이유를 물어보면 '일하니까, 돈을 벌고 있으니까.'라고 대답합니다.

일하면 공부를 못하고, 돈을 벌면 공부를 하지 말아야 한다면 세상에 공부할 사람은 흔치 않습니다. 공부는 여유로운 중세 귀족들의 전유물이어야 할 것입니다. 아르바이트하는 대학생은 시험 준비도 하지 말아야 할 것이며, 직장인들은 자기계발을 하지 말고 그저 TV만 보아야 할 것입니다.

일하기 때문에 청춘의 소중한 시간을 굳이 외국까지 가서 한국 드라마나 예능 프로그램을 본다는 것은 말이 되지 않습니다. 얼마든지 내가 배우고자 하는 언어로 된 드라마나 TV를 보면서도 휴식과 공부를 함께 해낼 수 있습니다.

청춘의 시기 해외에서 장기체류하면서 언어습득을 하지 못한다면 어떤 의미 부여를 해도 초라할 수밖에 없습니다. '도전과 성취'의 메커니즘이 아니기에 취업 면접을 볼 때 오히려 외국 경험이 하나도 없는 것보다 못한 비아냥을 들을 수 있습니다. 잘못하면 평생의 콤플렉스가 되는 것입니다.

워킹홀리데이의 목적과 그 목적을 이루는 데 있어 가장 기반이 되는 것이 무엇인지 명확히 이해하고, '주실야독', 또는 '학이시습지'를 꼭 실천해보길 바랍니다.

15
졸업장 받기

도전에는 결과물이 있어야 합니다. 결과물은 합격증이나 숫자로 표기되는 기록이어야 합니다. 하다못해 컴퓨터 게임을 해도 스코어라는 숫자가 있고, 등급 상승이라는 합격의 결과가 있습니다.

워킹홀리데이 도전의 결과물로는 언어시험점수 또는 합격증 등을 설정할 수 있습니다.

영어권 워킹홀리데이라면 IELTS 시험을 공부하고, 그 결과로 점수를 받거나, Cambridge 시험과정에서 합격을 목표로 할 수 있습니다. 이러한 시험과정은 TOEIC처럼 회화능력과 무관한 것이 아니라, 인터뷰로 말하기 테스트도 하고, 쓰기 테스트도 하는 등 실질적인 영어 능력 향상에 매우 도움이 되는 과정입니다. 영어권 이외 워킹홀리데이라면 해당 워킹홀리데이 국가의 언어 시험에 응시하도록 합니다.

목적이 없다면 생활은 금방 긴장감을 잃게 됩니다. 스코어나 등급이 없다면 컴퓨터 게임도 의미를 찾지 못할 것입니다. 목적의식이 없기 때문입니다. 워킹홀리데이 생활도 이와 같습니다.

워킹홀리데이를 가서 '어떻게든 되겠지.'라는 막연한 기대는 금물입니다. 나의 워킹홀리데이 생활의 졸업장이라는 결과물을 설정하고, 그것을 꼭 성취하도록 노력하는 생활이 되어야 합니다. 워킹홀리데이는 1년 가까이 장기로 가는 경우가 많아 이러한 목표설정이 더욱 필요합니다.

만일 성취하지 못하면 돌아오지 않겠다는 계획도 좋습니다. 체류 연장은 다른 국가로의 워킹홀리데이나 기타 학생비자로 아르바이트를 병행하는 국가들을 선택할 수 있습니다. 지금 20대를 기준으로 한다면 평균수명이 100세는 훌쩍 넘는다고 하는데, 몇 개월이나 1년 정도 해외에 더 체류한다고 해서 인생에 큰 피해는 없습니다. 오히려 언어성취는 더욱 이익이 됩니다.

워킹홀리데이 도전에서 꼭 나만의 언어 졸업장을 목표로 설정하고, 그것을 성취하고 귀국하는 여러분이 되길 바랍니다.

16
정보는 현지에

워킹홀리데이를 가기로 결정한 이후부터는 많은 사람이 정보를 구하려고 열을 올립니다. 낯선 나라에 가는 것에 대한 떨림과 호기심이 있을 수 있고, 어느 정도 그 나라에 대해 정보를 습득하는 것은 필수적인 일이기도 합니다.

하지만, 대부분 정보를 많이 구하면 모든 일이 술술 풀릴 것으로 착각하곤 합니다. 한국에서 구할 수 있는 정보는 한계가 있는데, 지나친 열정과 시간 투자로 출국 전 공부시간을 빼앗기고, 헛된 시간을 낭비하는 것입니다.

1. 정보는 현지에서 구하라.

모든 워킹홀리데이 경험자들이 이구동성으로 하는 이야기는 '정보는 현지에 있다.'라는 것입니다. 한국에서 알아본 것과 그곳에 가서 경험하는 것은 전혀 다르다는 것이고, 모든 실질적인 정보는 현지에서만 얻을 수 있다는 것을 의미합니다.

부산 사람이 서울에서 집을 구하겠다고 열심히 인터넷 검색을 해봅니다. 지역별 어느 정도 시세인지 알아보면 충분합니다. 이후에는 서울에 와서 직접 집을 보면서 판단하고, 직접 계약을 해야 하기 때문입니다. 그럼에도 무작정 밤을 새워가며 서울의 집에 대해 검색만 한다면 엄청난 시간 낭비가 되는 것입니다. 일자리 구하기도 마찬가지입니다. 이메일이나 전화로만 대화를 나누고 사람을 뽑는 곳은 없습니다. 지하철 이용도 마찬가지입니다. 급행 제도는 한번 이용해보면 그냥 쉽게 알 수 있는 것이지만, 인터넷의 텍스트로 된 정보를 접하면 아리송할 뿐입니다.

실제적인 정보는 현지에만 있습니다. 한국에서는 전반적인 감각 정도만 습득하는 것에 만족해야 합니다.

2. 95% 이상 동일한 사람 사는 일

한국에 있으면 늘 외국과 한국의 다른 점에 대해서만 주목을 하게 되는데, 실제 외국에 가 보면 외국과 한국의 같음에 주목을 하게 됩니다. 직접 가서 경험하고 체험하면 사람 사는 일은 거의 매한가지라는 것을 느낍니다.

90년대 이후부터는 다국적 기업의 팽창으로 인해 이제 도시별 생활의 차이를 못 느낍니다. 세계 어느 도시를 가던 스타벅스 커피를 마시고, 던킨도너츠, 서브웨이 샌드위치, 버거킹, 맥도날드 햄버거를 먹습니다. 들고 다니는 휴대폰도 삼성 아니면 아이폰인 것은 세계 어디나 동일합니다.

워킹홀리데이 출국 전 궁금해하는 일자리 구하는 방법, 집을 구하는 방법도 한국이나 외국이나 마찬가지입니다. 인터넷, 직접 방문, 중개소, 지인 등을 통하는 것은 같습니다.

'애브리바디스 파인(Everybody's fine)'이라는 할리우드 영화가 있습니다. 가족영화이며 특히 부모 자녀 관계에 관한 영화입니다. 흔히 미국 등 서구권은 부모 자녀 사이가 갈등적, 독립적 관계라 여기고 한국은 효 문화로 인해 협력적, 의존적 관계라 여기곤 하는데, 이 영화를 보면 오히려 그 어떤 한국영화보다 한국적인 정서를 느끼게 됩니다.

인류의 삶은 개별성 보다 보편성의 비중이 훨씬 높습니다. 게다가 인터넷 및 교통의 발달로 인해 의식주를 포함한 모든 생활의 형태가 유사해졌습니다. 다름에 집착하여 괜한 시간을 헛되이 낭비할 것이 아니라 출국 전에는 무엇보다 언어학습에 집중해야 합니다.

17
나는 충분히 불편한가?

해외도전을 한다는 것은 평생을 살아온 모국어 환경을 떠나 그 나라 현지어 환경에서 생활하게 되는 것을 의미합니다. 즉, 근본적으로 매우 불편한 생활을 하게 된다는 것입니다.

다음은 한 학생의 후기 중 일부입니다. 이 학생은 '어학연수'라는 표현을 사용했는데, 어학연수와 워킹홀리데이는 일과 학원의 시간 비중만 다를 뿐 크게 다르지 않으니, '어학연수'를 '워킹홀리데이'로 바꿔 참고하길 바랍니다. '영어'는 자신이 갈 언어권 나라의 언어로 바꿔 참고하면 됩니다.

저는 개인적으로 어학연수의 성공과 실패 여부는 영어 실력에 의해 판가름난다고 생각하지 않습니다. 비록 아주 뛰어난 영어 실력을 얻지

못했을지라도, 외국생활을 통해 얻은 통찰과 경험이 자신을 발전시켰다면 충분히 좋은 연수였다고 생각합니다. 하지만, 한 가지 반드시 어학연수를 실패로 이끄는 요인은 '불편함에 대한 기피'입니다.

어학연수를 가는 본질적인 이유는 편안함(Comfort zone)에서 벗어나 불편한 환경에 적응해나가고, 그 과정에서 비약적인 발전을 이끌어내는 것입니다. 사람은 본능적으로 편안함을 추구합니다. 한국에서 영어를 비약적으로 향상시키기 어려운 이유는 한국어라는 편안함에 대한 요인이 상당합니다. 이에 비해, 어학연수는 한국어 소통이란 선택지의 부재를 의미하며, 반강제적으로 영어에 의존하도록 만듭니다. 하지만, 많은 한국 유학생은 영어로 소통하고 친구들을 사귀어야 한다는 초반의 불편함을 견디지 못하고, 외국에서조차 한국인들과 한국문화를 즐기는 편안함을 누립니다. 그러므로 여러분이 내가 어학연수를 잘하고 있는지에 대한 의문이 들 때, 자신에게 질문하세요.

'나는 충분히 불편한가?'

해외도전에 관한 본질을 매우 명확하게 서술한 후기입니다. 해외도전에서 실패하는 케이스는 위와 같이 초기의 작은 불편함에도 멘탈이 붕괴되어 한국인 커뮤니티에 빠져 버리는 경우이기 때문입니다. 한국인 가게에서 일을 하고, 한국인들과 셰어하우스에 살며, 한국인들과 어울려 노는 것입니다. 외국에서 너무도 편안한 한국어 사용 환경에 매몰되는 것입니다.

'초반의 불편함'이란 언어잠복기 기간의 불편함을 말합니다. 출국 전 공부와 초반 어학연수 등으로 언어잠복기를 잘 넘긴다면 이후부터는 24시간 언어사용 환경을 능동적으로 이용할 수 있습니다. 즉, 불편함을 즐길 수 있게 되는 것입니다.

불편함을 즐길 수 있게 된다면 스스로를 더 불편한 상황으로 이끌어 가야 합니다. 더욱 더 현지인과 함께 할 수 있는 일자리를 구해보고, 원어민 숙소 환경으로 옮겨보고, 현지 사회 깊숙이 전진해보는 것입니다. 그러면서 늘 되뇌어 보길 바랍니다.

'나는 충분히 불편한가?'

18
전 세계에
내 친구를

해외도전에서 언어시험 점수라는 졸업장 목표 이외에 또 하나 구체적인 수치로 목표를 설정해야 할 것이 있습니다. 바로 글로벌 인맥을 형성하는 것입니다.

글로벌 인맥 형성의 목표는 페이스북 친구 맺기로 수치 목표를 설정해봅니다. 월 100명을 목표로 하루 3명 이상을 설정해보길 바랍니다. 물론 일상적인 날에는 쉽지 않겠지만, 파티, 학원, 여행 등의 이벤트 때는 그보다 훨씬 많은 친구 맺기가 가능합니다.

다음 후기를 살펴보겠습니다.

비단 영어 실력의 향상뿐만 아니라 많은 외국 친구들을 진심으로 사귈 수 있었던 점이 가장 큰 수확이 아닌가 생각합니다. 지난달에 제 생일이 있었습니다. 페이스북으로 친구들이 생일 축하한다는 메시지를 보내왔는데 아일랜드, 이탈리아, 프랑스, 스위스, 독일, 스웨덴, 홍콩 등등 세계 각지의 친구들이 보내준 메시지를 읽는데, 왠지 모를 감격이 느껴졌습니다. 예전에는 외국 친구를 만들 수 있을 것이라는 상상조차 하지 못했었는데 말입니다.

위 학생은 해외생활이 자기 인생의 클라이맥스라고 정의하고 있습니다. 그만큼 다양한 친구들과 함께 즐겁고 행복한 시간을 보낸 것입니다.

외국에 다녀 온 학생이 취업을 했다고 인사 차 찾아왔습니다. 한국에 온 이후 영어 실력 유지를 어떻게 하고 있는지 물었는데 특히 '쓰기(Writing)' 실력이 많이 늘고 있다고 했습니다. 이유는 해외에서 많은 외국인 친구들과 페이스북 친구 맺기를 했고, 한국에 와서도 꾸준히 온라인으로 교류한 결과라고 했습니다. 이처럼 외국인 친구를 사귀고, 친구를 맺으면 덤으로 귀국 후 언어공부 까지 지속되는 것입니다.

많은 친구를 사귄 것은 여러분의 멋진 스토리 형성에도 도움을 줍니다. 취업을 할 때 자기소개서나 면접에서 자신의 해외도전에 관한 가장 인상적인 답변이 될 수 있기 때문입니다. 다음과 같은 글이나 답변을 남길 수 있는 여러분이 되어 보길 바랍니다.

> 저는 워킹홀리데이 생활 중 페이스북을 통해 1년 동안 975명의 다양한 글로벌 인맥을 맺었습니다. 전 세계 어떤 나라에 저를 파견근무를 보내시거나, 그 나라에 대한 마케팅 연구를 시키시더라도, 그 나라에는 저에게 도움을 줄 친구가 있을 것입니다.

페이스북 친구 맺기를 많이 할 수 있는 노하우는 '먼저 말 걸기'입니다. 언제 어디서나 만나면 먼저 'Hi!'라고 인사하는 습관, 파티나 일터에서 소개 받지 않은 사람을 만나면 먼저 다가가, 'Hi, I don't think we've been introduced, I'm (내 이름).'라고 말해보길 바랍니다. 처음에는 어려울지 몰라도 익숙해지면 많은 친구를 사귈 수 있을 것입니다.

19
음식, 관계 맺기의 도구

외국인 친구를 많이 사귀려면 그에 맞는 역량이 필요합니다. 물론 먼저 말을 걸 수 있는 외향적 성격도 중요하지만, 그것을 유지할 수 있는 관계 도구인 '음식'을 어느 정도 할 줄 아는가도 매우 중요합니다. 특히 남과 다른 나의 것인 한국 음식을 몇 가지 할 수 있어야 합니다.

요리 실력을 복잡하거나 거창하게 생각할 필요는 없습니다. 불고기나 찜닭을 할 수 있다거나, 기타 두세 가지 정도만 미리 연습해서 만들 수 있다면 두고두고 이용할 수 있습니다. 음식 수준도 그리 높은 수준일 필요는 없습니다. 어차피 외국인들에게는 처음 접해보는 음식일 가능성이 높으니 맛의 수준도 크게 요구되지 않습니다.

요리 실력이 이용될 공간은 다음과 같습니다.

· 외국인들과 셰어하우스에 살며 늘 저녁을 해서 먹으며 어울리게 됨
· 파티에 각자 음식을 준비해 가는 것이 의무인 파티도 있고, 또는 본인이 파티를 주최할 수도 있음
· 일이나 봉사활동 등 여러 공간에서 알게 된 친구가 있다면 한국 음식을 대접하고자 하는 명분으로 집에 초대할 수 있음
· 홈스테이를 한다면 가끔 한국음식을 해주면 매우 좋아함

숙소와 파티, 초대가 포함되어 있으니, 거의 만남과 어울림의 전 영역을 커버하는 도구가 바로 음식인 것입니다.

요리의 유용성에 관해서는 거의 대부분의 해외도전 경험자들에게서 이구동성으로 듣는 이야기입니다. 다양하거나 수준 높은 요리까지 요구하는 것은 아니니, 기본적인 한국 요리 몇 가지 요리법은 미리 연습해보고 갈 필요가 있습니다.

20
봉사, 인성과 스토리

워킹홀리데이 비자로 대부분 급여를 받는 일을 합니다. 급여로 생활해야 하는 경우가 대부분이기 때문입니다. 하지만, 그 사이사이 단기간이라도 꼭 경험해볼 무급여 활동이 있습니다. 바로 봉사활동입니다. 그 이유는 다음과 같습니다.

1. 취업에 대비한 스토리

최근 취업 트랜드를 보면 무엇보다 '인성'이 중시되고 있습니다. 스펙만 보고 사람을 뽑으면 이내 적응하지 못하고 퇴사하는 경우가 많기 때문입니다. 이는 기업 입장에서 큰 비용손실입니다.

인성에 대한 스토리는 봉사활동 등의 구체적인 경험을 통해서만 만들어 질 수 있습니다. 대부분 입사지원자들은 구체적인 봉사경험이 없기 때문에 자기소개서나 면접에서 추상적인 이야기를 써넣거나 답변합니다. 그러한 자소서나 면접은 전혀 주목을 받을 수 없습니다.

해외에서의 봉사활동은 인성에 관한 구체적인 스토리를 만드는 데 큰 도움이 됩니다. 스스로 봉사를 통한 감정과 행동의 변화를 경험하며, 이 생생한 경험이 자기소개서나 면접에서 주목받을 수 있는 것입니다. 한국에서는 여러 일상으로 인해 봉사활동 시간을 내기 어려우니, 자유로운 워킹홀리데이 체류 기간 동안 여러 가지 봉사활동을 해보길 바랍니다.

2. 워킹홀리데이 시기 구직에 큰 도움

봉사활동을 한 경험과 추천서는 워킹홀리데이 생활에서 구직에 큰 도움이 됩니다. 특히 외국에서는 봉사활동 경험을 높게 평가하기 때문입니다. 봉사활동이 단기간 이루어지는 것도 많으니 구직 전 봉사활동을 경험하거나, 일하는 중간 중간에 봉사활동을 한다면 이후 구직활동에 큰 도움이 됩니다.

3. 인간성 고양

봉사활동은 인간성을 고양시키며, 마음의 평화를 유지해주는 등 궁극의 자기수양에 큰 도움이 됩니다. 대부분 한국에서 대학입시를 위한 겉치레 봉사활동 경험이 대부분일 수 있는데, 해외에서 실질적인 봉사활동을 한다면 그 과정에서 여러 가지 감동적인 경험을 할 수 있고, 이는 궁극에 자신을 완성해 나가는 측면에서 매우 소중한 경험이 됩니다.

4. 언어 능력 향상

봉사활동의 공간은 가장 유용한 어학연수 공간이며, 좋은 친구를 사귈 수 있는 공간입니다. 함께 봉사활동을 하는 현지인과 친구관계, 언어관계를 나눌 수 있기 때문입니다. 봉사활동을 통해 만나는 사람들은 그저 파티에서 만나는 이들과는 다릅니다. 그간 경험해보지 못했던 전혀 다른 그 나라 사회의 진수를 경험할 수 있고, 인간성이 좋은 현지인을 만날 기회가 많습니다.

물론 처음부터 친해질 수는 없지만, 어느 정도 활동을 같이 하면 음식 대접 등 집으로 초대하면서, 그리고 초대받으면서 친분을 쌓을 수 있습니다.

5. 리더십, 협업 능력, 적극성 함양

봉사활동의 종류에 따라 다소 차이가 있을 수 있겠지만, 봉사활동은 대부분 팀 단위 활동을 하게 되며, 팀별 또는 개인별로 스스로 일을 찾아 결과물을 만들어야 하는 과정으로 이루어져 있습니다. 그 안에서 리더를 맡는다면 리더십과 기획력을 키울 수 있으며, 팀 활동이기에 타인과 협업하는 능력을 얻을 수 있습니다. 사소한 것이라도 효율적으로 개선하고자 하는 마인드, 팀원과 의견을 조율하고 회의하는 과정에서의 적극적인 자세 등 기존에 경험해보지 못했던 과정을 경험하게 되며, 이러한 것들은 앞으로 개인적, 사회적 삶을 살아가는데 큰 도움이 될 것입니다.

일을 하면 급여를 받는데 왜 급여도 없는 봉사활동을 해야 하는가 생각할 수도 있습니다.

실용적 관점에서 여러분이 해외도전을 하는 것은 언어, 경험을 성취하여 사회에서 수 천 만원의 연봉을 더 받기 위함입니다. 지금 당장 몇 만원의 시급을 더 받는 게 중요한 것은 아닙니다. 취업, 개인적 수양, 언어효과 등 여러 면에서 봉사활동은 가장 유익합니다. 단기간 봉사활동도 많으니 여러 봉사활동을 경험해보길 바랍니다. 봉사활동은 volunteer로 검색해 보거나, 지역별 봉사활동 사이트 검색, 적십자(Red Cross)나 YMCA 등 봉사기관, 종교기관, 신문광고, 기타 주변 소개 등으로 구할 수 있습니다.

21
점 연결, 세렌디피티

청춘의 삶의 자세에 가장 도움이 될 만한 개념으로 스티브 잡스의 '점 연결(Connecting the Dot)' 개념을 참고해보겠습니다.

스티브 잡스의 스탠포드 대학 졸업식 축사의 일부분입니다.

> 만약 대학을 중퇴하지 않았다면, 서체 수업을 듣지 못했을 것이고, PC에는 지금과 같은 뛰어난 서체가 없었을 것입니다. 물론 제가 대학에 있을 때는 미래를 내다보고 점들을 연결하는 것은 불가능한 일이었습니다. 과거를 돌이켜 볼 때야 그들을 연결할 수 있었습니다. 그러니 여러분은 미래에 점들이 연결될 것임을 확신해야 합니다. 배짱, 운명, 인

생, 업 등 그 무엇이 되었든 믿음을 가져야 합니다.

그 이유는 현재가 앞으로의 미래와 연결된다는 믿음이 여러분 자신의 마음을 따르도록 하는 데 있어 확신을 주기 때문입니다. 또한, 그 길이 아무리 험한 길일지라도 그것이 인생에 있어서 모든 차이를 만들어 내는 것입니다.

'점'이라는 것은 여러분이 인생을 살면서 계획이나 우연 등에 따라 마주친 어떤 대상에 노력을 집중한다는 것을 의미합니다. 그것이 미래에 도움이 될지 안 될지는 아무도 알 수 없습니다.

스티브 잡스는 여러분이 집중하는 그것이 반드시 미래에 다른 점들과 연결되어 시너지 효과를 낼 것이라는 믿음을 갖고 집중하라는 것입니다. 그러한 믿음과 집중이 성공이라는 차이를 만들어 낸다는 것입니다. 실패는 '과연 이것이 도움이 될까?'라는 회의와 주저 속에서 행동하지 못하고, 집중하지 못하기 때문에 생긴다는 것을 말합니다.

도전에는 담보가 없습니다. 인생에서 무언가에 도전한다는 것은 담보 없는 고독한 여정일 뿐입니다. 스티브 잡스는 우연치 않게 서체 강의가 있는 대학에 들어갔고, 학비가 없어 대학을 중퇴하게 되었고, 갈 곳이 없어 학교에서 자고, 돈이 없어 멀리 몇 시간을 걸어 무상급식 한 끼로 끼니를 해결하는 그 고독한 여정에서 서체 수업을 청강하게 됩니다.
서체라는 것은 삶을 살면서 어떤 유용성이 있을 것이라 판단할 만한 대상은 아니었지만, 스티브 잡스는 그것을 운명의 계시처럼 받아들여 집중했고, 이는 후에 PC 사업과 연결이 되어 아름다운 컴퓨터 서체가 된 것입니다.

해외도전에서 성공한 많은 이들에게서 이러한 'Connecting the Dot'을 지켜보곤 합니다. 그저 우연히 얻게 된 일자리이고, 미래에 도움이 될지 안 될지 모르는 일이지만 주어진 일이기에 집중을 한 것입니다. 그 과정에서 여러 조력자를 만나 현지에서 성공을 일구거나, 원했던 영주권을 획득하거나, 이후 한국에서 그 경험으로 인해 경제적 활동에서 큰 성과를 올리게 된 경우들입니다. 큰 성공은 매우 사사로운 인연으로부터 시작됩니다. 처음부터 인생은 우리에게 '어디?'라는 물음에 '여기!'라는 명확한 답을 주지 않습니다. '여기!'라는 답은 집중이라는 고독한 과정에서 스스로 얻게 되는 것입니다.

유사한 개념으로 페이스북 창시자인 저커버그의 '세렌디피티(Serendipity)'라는 개념이 있습니다. 세렌디피티는 '뜻밖의 발견(을 하는 능력), 의도하지 않은 발견, 운 좋게 발견한 것'을 뜻 합니다. 저커버그는 자신의 성공을 세렌디피티로 설명하였는데, 이 기적과 같은 일에 대해 『타임』지 인터뷰에서 다음과 같이 말했습니다.

> *우리는 사람들이 행하는 세렌디피티라는 개념을 갖고 있어요. 뜻밖의 행운인 거죠. 가령 레스토랑에 가서 한동안 보지 못했던 친구를 우연히 마주치는 것과 같은 거죠. 굉장한 경험이죠. 그 상황이 그렇게 마법처럼 보이는 이유는 대체로 그런 일이 자주 일어나지 않기 때문이에요. 하지만 저는 사실 그런 상황들이 실제로는 흔하다고 생각해요. 우리가 그 중의 99퍼센트를 놓치고 있는 거겠죠.*

페이스북 또한 세렌디피티의 결과입니다. 우연히 하버드대학 인맥 놀이로 시작하여 이후 서서히 영역을 넓혀 가며 전 세계인들이 사용하게 된 것입니다. 저크버거는 세렌디피티로 만난 점(dot)에 집중했습니다. 서둘러 수익 형태로 전환하라는 요구를 끝내 거절하며 고독한 여정을 항해한 것입니다. 그것은 결국 세계인의 Connecting the dot이라는 공간이 되었습니다.

여러분의 해외도전은 '점'과 '세렌디피티'의 바다입니다. 새로운 환경, 새로운 사람들, 새로운 길이기 때문입니다. 그 안에서 무수히 많은 세렌디피티가 주어지게 됩니다. 무심하다면 그것이 세렌디피티인지도 모르고 그저 불평불만을 하다 말겠지만, 그것을 점으로 여기고 집중할 수 있다면 스티브 잡스가 말한 미래에 연결될 점이 될 것이며, 저커버그가 말한 성공의 세렌디피티가 될 것입니다.

특히 많은 워홀러들은 '지금 내가 하고 있는 이 허드렛일이 과연 내게 무슨 도움이 될까?', '한국에 있는 내 친구는 지금 대기업 인턴 중이라는데 나는 지금 뭘 하고 있는 걸까?' 등 불필요한 걱정과 고민으로 절망에 빠지곤 합니다. 이러한 걱정과 고민이 점에 집중하지 못하게 하고, 나에게 다가오는 세렌디피티를 멀리 밀어내 버리는 이유가 됩니다. 확실한 것은 꾸준히 집중한다면 발전과 성취는 단지 시간의 문제일 뿐이라는 것입니다. 불필요한 걱정과 고민으로 오늘 하루를 잃고, 내게 다가오는 세렌디피티의 행운을 잃고, 그로 인해 미래도 잃는 우를 범하지 말아야 하겠습니다.

중요한 것은 집중입니다.

PART 03

국가별 워킹홀리데이

01
워킹홀리데이 출국 현황

한국과 워킹홀리데이 비자 협정이 체결되어 있는 국가들에 대해 알아보겠습니다. 한국은 현재 21개 국가와 워킹홀리데이 비자 협정을 맺고 있습니다.

한국 청년들이 워킹홀리데이 비자를 받고 출국하는 인원은 어떻게 되는지 표로 확인해보겠습니다. 참고로 2015년 이후 비자협정이 체결된 국가는 아래 표에는 생략되어 있습니다.

우리 국민 워킹홀리데이 참가자 현황 (단위:명)

년	호주	캐나다	뉴질랜드	일본	프랑스	독일	아일랜드	스웨덴	덴마크	홍콩
2005	17,706	800	797	1,800	-		-	-	-	-
2006	27,007	800	1,071	3,600	-		-	-	-	-
2007	28,562	800	2,050	3,600	-		-	-	-	-
2008	39,505	2,010	1,907	3,600	-		-	-	-	-
2009	39,505	4,020	1,901	7,200	154	188	-	-	-	-
2010	34,870	4,100	1,800	7,200	185	582	400	-	-	-
2011	30,527	3,913	1,881	6,319	152	839	359	38	36	62
2012	34,234	4,069	1,803	5,856	205	1,084	400	44	68	127
2013	33,284	3,373	1,805	5,102	284	1,074	400	42	60	114
2014	24,146	3,751	1,803	3,254	335	1,510	400	46	79	500
2015	24,568	3,144	1,801	3,194	400	2,037	400	47	71	500

년	대만	체코	영국	오스트리아	헝가리	포르투갈	네덜란드	이탈리아	계
2005	-	-	-	-	-	-	-	-	21,103
2006	-	-	-	-	-	-	-	-	29,478
2007	-	-	-	-	-	-	-	-	35,012
2008	-	-	-	-	-	-	-	-	40,146
2009	-	-	-	-	-	-	-	-	52,968
2010	-	-	-	-	-	-	-	-	49,137
2011	152	-	-	-	-	-	-	-	44,278
2012	214	2	386	4	-	-	-	-	48,496
2013	216	5	965	30	3	-	-	-	46,757
2014	367	21	959	43	45	12	96	1	37,368
2015	400	31	930	34	37	18	98	123	37,833

* 캐나다는 2015년 상반기 데이터임

표로 확인할 수 있는 몇 가지 특징은 다음과 같습니다.

❶ 여러 워킹홀리데이 국가 중 압도적으로 많은 인원이 가는 국가는 호주입니다. 워킹홀리데이는 영어권 국가의 인기가 높은데, 호주는 그중 유일하게 연중 인원 제한 없이 상시 비자획득과 출국이 가능하기 때문입니다.

❷ 캐나다, 영국, 뉴질랜드, 아일랜드는 인원이 정해져 있고, 추첨 또는 선착순으로 선발하기 때문에 비자획득이 쉽지 않은 국가들입니다.

❸ 최근 몇 년간 비영어권으로 독일 워킹홀리데이 출국 인원이 크게 늘고 있습니다.

❹ 영어, 일본어, 중국어(대만, 홍콩)권 이외의 국가들은 아직 관심이 높지 않아 워킹홀리데이 출국 인원이 많지 않은 편입니다.

02
워킹홀리데이 출국 준비

워킹홀리데이 비자 획득 및 출국 준비 방법은 크게 두 가지로 나눌 수 있습니다.

1. 스스로 하기

스스로 하기는 본인 스스로가 비자를 획득하고 기타 출국 준비를 하는 경우를 말합니다. 워킹홀리데이 출국 준비는 어학연수와 달리 대행해주는 곳이 많지 않습니다. 스스로 준비할 수밖에 없는 경우는 다음과 같습니다.

- **비자 경쟁률이 치열한 국가**

  비자 획득이 불확실하기 때문에 대행해주지 않습니다. 비자 획득 실패에 대한 책임 문제가 발생할 수 있기 때문입니다.

· **어학연수가 포함되어 있지 않은 경우**

초반 단기 어학연수가 포함된 경우에는 출국 준비에 관한 여러 준비를 무료로 대행 받을 수 있습니다. 대행은 주로 유학원에서 합니다.

· **영어, 일어, 중국어 이외 국가**

대행회사가 거의 없는 경우입니다.

2. 대행사 이용하기

초기 어학연수가 포함된 '어학연수+워킹홀리데이'의 경우라면 출국 준비를 무료로 대행 받을 수 있습니다. 다만 호주 등 비자발급이 무제한이 아닌 추첨, 선착순 경쟁인 경우에는 비자 준비 방법은 도움을 받지만, 접수는 스스로 해야 합니다.

일자리 알선까지 포함된 '어학연수+일자리 제공'의 경우 무료대행을 받을 수 있습니다. 이러한 프로그램은 주로 호주, 뉴질랜드, 캐나다 등이 가능합니다.

대행을 받을 경우 장점은 다음과 같습니다.

· 준비를 대행해주기 때문에 출국 전 시간에 온전히 언어학습에 몰입할 수 있습니다.
· 어학연수는 혼자 준비하는 것보다 학비가 더 저렴합니다.
· 일자리 알선 프로그램의 경우 일자리 걱정을 덜 수 있습니다. 다만 일자리 알선에 대한 비용이 부과됩니다.

3. 대행사 추천

특강을 하다보면 많은 사람이 묻는 질문입니다.

대행사는 예비 워홀러의 언어 수준, 비용, 목표 등에 따라 성공적인 워킹홀리데이의 확률을 높일 수 있는 조언을 해주어야 합니다. 또한, 무엇보다 서비스의 안정성이 중요합니다. 이에 관해서 필자가 근무하는 (주)해외교육진흥원을 추천합니다.

책을 쓰는 이가 스스로를 추천한다는 것은 어색하지만, 워킹홀리데이나 어학연수 준비에 관한 개인 상담에는 별도의 비용이나 부담이 발생하지 않으니, 편히 무료로 1:1 상담을 받아 참고할 수 있기를 바랍니다. 또한 해외도전의 방식은 사람마다 목표하는 바와 비용 등이 다르기 때문에 개별상담에서 많은 조언과 아이디어를 얻을 수 있습니다.

▲ http://www.globaledu.or.kr

출국 전 영어학습 등을 여러 학생들과 모여 진행하기 때문에 공부에도 도움이 되고, 함께 하면서 정보를 얻거나 앞으로의 의지에 대한 자극에도 도움이 됩니다. 참고로 필자와 직접 무료상담을 원하면 (주)해외교육진흥원 종로점을 방문하면 됩니다. 시간 예약 등 상담 정보는 책 표지와 아래 카톡, 이메일 등을 참고하거나, (주)해외교육진흥원 홈페이지에서 전화번호를 참고하면 됩니다.

(주)해외교육진흥원
Global Education Network

김태형
―――
원장

카톡 상담 ID thwriter
이메일 goodjob100@naver.com
네이버 카페 http://cafe.naver.com/maplestoly
홈페이지 http://www.globaledu.or.kr

03
정보 변동, 신체검사

워킹홀리데이 비자 정보와 특징들에 대해 국가별로 알아보겠습니다.

비자 정보는 큰 틀에서는 변화가 없는 편이지만 간혹 국가에 따라서는 예고 없이 변경될 수 있습니다. 이 책에서 개괄적인 부분을 참고하되 워킹홀리데이 국가를 선택하면 비자 정보는 각 국가의 이민성이나 대사관 사이트를 확인해보길 바랍니다.

신체검사가 필요한 국가의 지정병원은 국가별로 동일한 편입니다. 간혹 시기에 따라 신체검사 예약이 많이 밀려 있을 수 있습니다. 비자신청 시 국가별 신체검사 지정병원이 어디인지, 신체검사 가능한 일정이 어떻게 되는지 등을 미리 확인해야 합니다.

참고로 2016년에는 뉴질랜드, 캐나다, 호주 신체검사 시기가 중복되면서 신체검사 문제로 비자획득에 곤란을 겪는 경우가 많았습니다. 비자신청 시 신체검사 기간 제한이 있는 만큼 사전에 신체검사 가능 일정을 확인하고, 비자신청을 먼저 해야 할지 신체검사를 먼저 해야 할지를 판단해야 합니다.

★ 주요 신체검사 지정병원

· 신촌 연세 세브란스 병원
☎ 02-2228-5808/5809/5815 / 서울 서대문구

· 강남 세브란스 병원
☎ 02-2019-1209 / 서울 강남구

· 삼육서울병원
☎ 02-2249-3511 / 서울 동대문구

· 부산 인제대학교 해운대 백병원
☎ 051-797-0369/0370 / 부산 해운대구

04
호주

호주는 단연 가장 많은 사람이 워킹홀리데이를 떠나는 국가입니다. 2015년 기준 24,568명이 호주 워킹홀리데이에 참여했습니다.

가장 많은 인원이 참가하는 이유는 영어권 국가이고 연중 시기와 인원 제한 없이 무제한 비자를 발급하기 때문입니다. 한국인이 많이 가긴 하지만 호주에 워킹홀리데이를 가장 많이 오는 순위는 영국, 독일, 프랑스로 타국 학생들도 매우 많이 찾는 국가입니다.

호주는 여러 워킹홀리데이 국가 중 시급이 가장 높은 국가입니다. 일인당 국민소득도 인구 2천 만 명 이상 국가 중에서는 최고의 국가입니다. 약 65,000~70,000달러 수준이며, 많은 경험자들이 호주가 기회의 땅이라는 평

가를 하는 이유입니다. 기후조건도 연중 온화한 편이라 일을 하는 워홀러에게는 좋은 환경이라 할 수 있습니다.

비자신청은 온라인으로 이루어집니다. 온라인 신청 시 해외사용이 가능한 신용카드로 호주달러 440달러를 결제합니다. 카드소유자는 본인이 아니어도 관계없습니다. 온라인 신청 후 해당 사이트에서 헬스폼(Health Form)을 다운받아 소지하고 신체검사를 받게 됩니다. 신체검사는 지정된 병원에서 해야 하며, 비용은 15만 원입니다. 신체검사까지 완료 후 약 2~5주 후 본인의 이메일로 비자승인 레터를 받게 됩니다.

호주 워킹홀리데이 비자는 반드시 한국에 체류하고 있지 않아도 되며, 호주 이외의 국가라면 비자신청이 가능합니다. 비자의 유효기간은 1년이며 입국 시부터 1년이 계산됩니다. 학업은 최대 4개월까지 가능합니다. 취업 업종의 제한은 없으며, 다만 한 고용주 밑에서 최대 6개월까지만 근무가 가능합니다.

호주가 워킹홀리데이 비자를 무제한 발급하는 이유는 호주 내 인력이 부족하기 때문입니다. 이는 이민으로 받아들여야 하는데, 너무 많은 이민자가 발생할 것을 꺼려 워킹홀리데이 비자 소지자로 인력을 대체하고 있습니다. 이런 이유로 호주에서 인력이 특히 부족한 농업, 목축업, 어업, 광업 등의 정해진 일자리에서 88일 이상 일할 경우 워킹홀리데이 비자 기간을 1년 연장해주는 혜택을 주고 있습니다. 이를 '세컨드 비자'라 하는데, 호주에서 더 오래 체류하길 원한다면 이용할 수 있습니다. 세컨드 비자도 신청 시 만30세 이하여야 합니다.

참고로 이 책을 집필 중인 시기에 2017년 이후부터 호주 워킹홀리데이 나이 제한이 만35세로 변경된다는 언론보도가 있었습니다. 만31세 이상이면 해당 사항의 확정 여부를 확인하여 계획을 세워보길 바랍니다.

05
캐나다

캐나다는 한국인에게 워킹홀리데이 국가로 인기가 많은 곳 중 하나입니다. 2015년 기준으로 3,144명이 참여를 했습니다.

워킹홀리데이의 목적이 어학연수의 대체인 경우가 많은데, 캐나다는 어학연수 비용이 서구 영어권 국가 중 가장 저렴한 편이기 때문입니다. 이외에도 친절한 국민성, 미국 접경지역, 한국인이 선호하는 영어발음 등의 장점이 있습니다. 다만 비자 경쟁률이 높아 비자취득이 쉽지 않고, 겨울철 추위가 매우 심하다는 것은 단점입니다.

캐나다는 연 4,000명에게 비자를 발급하고 있습니다. 비자신청은 과거에는 선착순이었는데, 지금은 무작위 추첨방식으로 이루어지고 있습니다. 최근 2년간 캐나다 워킹홀리데이 비자는 연말에 접수를 시작하였으며, 참고로 2016년에는 10월 17일부터 접수를 받기 시작했습니다.

온라인 신청으로 기준에 부합되는지 확인을 하고, Personal Reference Code를 발급받습니다. 이후 MyCIC 페이지로 넘어가 계정을 생성합니다. 이후 개인정보 등을 작성하여 완성한 프로필을 제출합니다. 이후 캐나다 워킹홀리데이 Invitation을 받으면 일단 비자를 받은 것으로 생각할 수 있습니다. 아래와 같이 정리할 수 있습니다.

★ 1단계 : 신청 가능 여부 확인하기
· Come to Canada에서 IEC Pools의 기준에 적합한지 확인
· 마지막 단계에서 Personal Reference Code를 받음. 따로 적어 보관해야 함

★ 2단계 : MyCIC 계정 생성하기
1단계에서 적합 판정을 받은 경우 MyCIC 페이지로 넘어가서 계정 생성. 이때 MyCIC의 보안질문/답변은 따로 메모장에 적어 보관해 두어야 함

★ 3단계 : 프로필 작성하기
· MyCIC에서 GCKey에 로그인하여 International Experience Canada(IEC) 클릭
· 요구하는 개인 정보를 기입 (Personal Reference Code 필요)
· eService 페이지의 4가지 카테고리 완성
· Transmit을 클릭하여 완성된 프로필 제출

★ 4단계 : MyCIC에서 Invitation 수락하기

· MyCIC의 Applications 섹션에서 Work Permit을 찾아 Start Application 버튼을 클릭
· 10일 안에 Invitation 수락 여부 결정. 수락한 날로부터 20일간 Work Permit 신청 가능

★ 5단계 : 관련 서류 준비 후 업로드

· CV/Resume
· 신체검사 결과 양식 (지정병원에서 신체검사 후 결과 스캔하여 업로드)
· 여권사본
· 여권사진
· 영문 범죄기록조회서

캐나다 워킹홀리데이 비자 발급비용은 IEC 수수료 150달러, Work Permit 수수료 100달러, 신체검사 비용 약 18만 원입니다.

캐나다에 꼭 가고는 싶지만 워킹홀리데이 비자 획득에 실패하는 경우 코업비자라는 형태로 유사하게 캐나다에 갈 수 있습니다. 코업비자도 아르바이트가 허가되기 때문입니다. 다만 코업비자는 일정한 학업 기간이 필수적으로 요구되기 때문에 학업 준비 비용이 필요하다는 점이 차이점입니다.

06
일본

일본 워킹홀리데이는 한때 7,000 명이 넘는 인원이 참가한 적이 있는데, 최근에는 3,000명 정도 참가하고 있으며, 2015년은 3,194명이 참가했습니다. 과거에 비해 물가 차이가 줄어들어 높은 수입을 기대할 수는 없지만 여전히 언어습득 등의 이유로 많은 인원이 참가하는 국가입니다.

일본 워킹홀리데이는 비자신청 시 나이제한을 25세로 한정하고 있습니다. 부득이한 사정이 있다고 인정되는 경우에만 30세까지 신청을 받아줍니다. 별도의 취업이나 어학연수 기간 제한은 없습니다.

비자신청은 신청서, 사진, 이력서, 조사표, 기타 신분 서류, 250만 원 이상 잔고증명 등 제출서류를 준비하여 본인이 일본대사관 및 영사관(서울, 부산, 제주)에 직접 신청하거나, 또는 지정 대행업체를 통합니다. 자신의 주소지에 따라 제주는 제주 영사관, 경상도는 부산 영사관, 이외에는 서울의 대사관에 접수합니다. 접수 기간은 일본의 경우 연 4회로 1, 4, 7, 10월에 일정이 정해져 있습니다. 미리 확인해야 합니다.

신청 후 약 한 달 이내에 홈페이지를 통해 공지하며, 비자 신청비용은 별도로 없습니다.

07
독일

독일은 인기가 많은 영어권 국가가 아니지만 최근 몇 년간 워킹홀리데이 참가자 수가 큰 폭으로 상승한 국가입니다. 2015년에는 2,037명이 참가했습니다. 독일어 전공자나 기타 북유럽 복지국가에서의 삶을 선망하는 사람들과, 이외 영어사용도 어느 정도 가능한 국가라는 점에서 많은 인원이 참가하고 있습니다.

비자는 연중 신청이 가능하고 제한 인원도 없으며, 나이 이외에 별도의 제약 요건도 없습니다. 비자신청서와 여권, 여권사진 1매, 2천 유로 이상이 예금된 본인 명의의 잔고증명이나 통장, 보험계약서 등을 준비하면 됩니다. 신청 수수료는 60유로입니다. 비자신청은 본인이 직접 주한독일대사관 영사과에 방문해야 합니다. 처리 기간은 약 1주일에서 10일 정도입니다.

특이점은 비자 접수일로부터 90일 이내에 출국을 해야 한다는 것입니다. 비자신청 시 만료일이 기재되어 있기 때문에 늦게 출국하면 그만큼 체류 기간이 줄어듭니다. 따라서 1년 이내 출국을 하면 되는 다른 국가처럼 미리 여유 있게 비자를 받아두어서는 안 됩니다.

08
뉴질랜드

2015년도 뉴질랜드 워킹홀리데이 참가자는 1,801명입니다. 그런데 2016년부터 인원이 3,000명으로 늘어서 더욱 많은 사람이 워킹홀리데이에 참가할 것으로 예상됩니다.

뉴질랜드는 영어권 국가이며 어학연수 비용이 저렴하고, 친절한 국민성, 멋진 자연환경 등으로 인해 많은 사람이 선망하는 국가입니다. 이로 인해 비자 획득을 위한 경쟁률이 치열한 편이며, 비자는 선착순으로 발급됩니다. 과거 워킹홀리데이 비자의 인기가 많지 않았을 때는 1,800명 모집에도 몇 달간 마감이 안 될 정도였는데, 2016년에는 3,000명임에도 이민성 신청 사이트가 한 시간도 안 되어 다운되었고, 몇 시간 만에 선착순 비자 마감이 되었습니다.

신청 시기는 매년 4~5월경이며, 2016년에는 5월 11일 오전 7시에 시작했습니다. 비자신청은 이민성 홈페이지에서 온라인으로 가능합니다. 온라인 신청 후 신체검사 양식을 출력하여 병원에 방문해 신체검사를 받으면 됩니다. 2016년에는 많은 접속자로 인해 이민성 홈페이지가 다운되어 있을 때도 스마트폰으로는 비자신청이 되었던 전례가 있으니 참고하길 바랍니다. 비자신청 비용은 뉴질랜드 달러로 208달러이며, 비자, 마스터 등의 로고가 있는 해외에서 사용 가능한 신용카드로 결제합니다. 전체적인 비자신청 과정은 호주와 거의 동일합니다.

뉴질랜드 워킹홀리데이 비자는 다른 워킹홀리데이 비자와 달리 뉴질랜드 현지에서도 신청이 가능합니다. 다만 현지에서는 신체검사 비용이 뉴질랜드 달러 500달러로 매우 비싼 편입니다. 비자 획득이 과거처럼 확실시 되지 않으니 가급적 한국에서 미리 신청하고 가는 것이 좋습니다.

뉴질랜드 워킹홀리데이 비자로 최대 6개월까지 어학연수 학업이 가능합니다. 취업의 경우 과거에는 한 고용주 밑에서 3개월만 일을 해야 하는 조항이 있어서 불편했는데, 이는 인원이 3,000명으로 늘면서 2016년부터 폐지되었습니다. 그리고 뉴질랜드 워킹홀리데이 기간 중 원예 및 포도재배업에 3개월 이상 종사한 경우 비자기간을 3개월 추가로 연장 신청이 가능합니다. 다만 연장이 비자 만료일이 아닌 연장 허가일로부터 3개월이니 기간조절을 잘 해서 신청해야 합니다.

09
영국

영국은 엄밀하게 말하면 워킹홀리데이 비자라는 명칭을 사용해서는 안 됩니다. 입국심사에서도 워킹홀리데이 비자라 하면 입국심사관이 알아듣지 못합니다. 영국은 YMS라는 명칭을 사용합니다. Youth Mobility Scheme의 약자로 한국어로 직역하면 '청년 이동 제도' 정도가 됩니다. 다만, 일이 허가되는 비자 제도이기 때문에 한국에서는 쉽게 이해하기 위해 워킹홀리데이 비자라는 이름을 편의상 사용한다고 보면 됩니다.

영국은 2012년부터 한국과 YMS 비자협정을 체결하였습니다. 이 비자는 다른 국가 워킹홀리데이 비자와 다소 차이가 있는데, 가장 큰 차이는 영국 체류 기간이 처음부터 2년 허가된다는 것입니다. 또한, 학업의 기간이나 대상에 아무런 제약조건이 없다는 것입니다.

영국은 유럽에서도 역사가 깊은 국가이며 한 때 세계를 지배하고 리드했던 국가입니다. 영국 곳곳에는 나무 한 그루를 봐도 뉴턴이 만유인력의 법칙을 발견했던 나무이고, 평범한 옛 건물을 하나 보아도 그 양식으로 지어진 세계 최초의 건물이기도 합니다. 이렇듯 역사의 향기를 간직한 국가가 영국이며, 지금도 여전히 세계의 주요 선진국이자 강대국이라 할 수 있습니다.

이러한 영국과 유럽을 경험할 수 있다는 것, 비자기간이 2년으로 길다는 점, 학업에 제한이 없다는 점, 외국인들에게 영어를 교육한 역사가 가장 긴 국가로 다양한 어학연수 기관이 있다는 점 등이 영국 YMS 비자의 장점이라 할 수 있습니다. 다만 다른 국가와 달리 비자 조건에 공인영어시험점수(토익 기준 600점)가 포함되어 있다는 점, 그리고 매년 1,000명으로 인원이 제한되어 있어 추첨으로 선발되어야만 비자취득이 가능하다는 점 등이 단점입니다.

영국 YMS 참가 신청은 첫 단계는 한국 외교부 담당부서에 '정부후원 보증서'를 신청하는 것부터 시작합니다. 이후 영국대사관 비자센터 웹사이트에 YMS 비자신청을 하고 비용을 지불합니다. 이후 지정 병원에서 결핵검사를 하고 구비서류를 지참하여 비자지원센터 방문을 합니다.

비자신청은 대부분 매년 1월에 정부후원 보증서 신청을 받기 시작합니다. 1월 모집 후 결원이 있을 경우 7월 전후 추가모집을 합니다. 정부후원 보증서 신청 시 구비서류에는 자기소개서, 서약서, 개인정보 수집 동의서, 여권사본, 공인영어시험 성적 사본 등이 포함됩니다. 참고로 공인영어시험으로는 토익 600점 이상, 토플 69점 이상, 텝스 485점 이상, 아이엘츠 5.0 이상 중 하나만 제출하면 가능합니다. 서류는 정해진 기간 내 우체국 등기우편으로 보냅니다. 서류 신청자 중 결격자를 배제한 후 전산추첨을 통해 최종 1,000명을 선발합니다.

합격자는 정해진 시기 안에 UK Visas & Immigration 웹사이트에 접속하여 온라인으로 비자 신청서를 작성해야 합니다. 이때 보건 부담금 400파운드와 비자발급 수수료 360파운드를 납부하며, 영국 비자지원센터 방문 예약일을 지정합니다. 이후 결핵검사를 하고 비자신청서 출력본, 1,890파운드 이상의 본인 명의 영문 은행잔고증명, 여권, 여권사본, 여권사진, 결핵검사 진단서, 정부후원 보증서를 지참하고 영국 비자지원센터를 직접 방문합니다. 이후 약 3주 내외 비자 승인 레터를 발급받습니다. 그 다음 유효기간 내에 영국에 입국하면 됩니다.

10
홍콩

홍콩은 싱가폴과 더불어 아시아의 대표적인 글로벌 허브 도시입니다. 세계 3대 마천루에 속할 정도로 화려한 빌딩 야경을 자랑하는 곳이면서, 또한 아주 오래된 허름한 아파트와 골목길이 존재하는 낭만적인 도시이기도 합니다. 영어와 중국어를 배울 수 있으며, 높은 수준의 선진 사회제도를 유지하고 있는 홍콩에서 젊은 시절의 한 때를 보내는 것은 매력적인 일임에 틀림없습니다.

홍콩은 총원 500명을 모집하여 2015년에 500명이 참여를 했습니다. 그런데 2016년부터는 총원 1,000명으로 인원이 늘어났습니다. 상시 신청이며 선착순으로 1,000명을 모집하고 있습니다. 자격요건은 홍콩달러 20,000달러 이상의 잔고증명이 필요합니다. 비자신청 비용은 없습니다. 비자를 발급받은 이후 유효기간인 3개월 이내 홍콩에 반드시 입국해야 합니다. 어학연수는 6개월까지 가능하며, 한 고용주 하에서의 취업도 6개월까지 가능합니다.

우선 홍콩 입경사무처 워킹홀리데이 프로그램 사이트에서 신청 가이드와 신청서를 다운받아 작성합니다. 이외 구비서류를 준비하여 주한중화인민공화국 대사관, 주부산 중화인민공화국 총영사관, 주광주 중화인민공화국 총영사관 중 한 곳에 본인이 직접 방문하여 접수합니다.

구비서류로는 비자신청서, 여권사진 1매, 여권, 여권사본, 잔고증명(홍콩달러 20,000달러 이상), 왕복항공권, 보험증명서 등입니다. 비자신청 후 약 2주 내 비자를 취득할 수 있습니다.

11
아일랜드

아일랜드는 영국의 옆에 위치한 섬나라입니다. 한국의 남한과 비슷한 국토 모양을 갖고 있는데, 유럽에서 한국인과 성향이 가장 비슷하다고 알려진 국가이기도 합니다. 말하는 것을 즐기는 친근한 국민성과 외국인에게도 친절하여 많은 사람이 어학연수 국가로도 선호하는 곳입니다.

영어권 워킹홀리데이 국가이며 연간 400명만 모집하기 때문에 비자 경쟁률이 매우 치열한 국가입니다. 참고로 아일랜드는 6개월 어학연수 학비가 매우 저렴한 학원이 많습니다. 6개월 학원 등록으로 학생비자를 취득하면 총 8개월을 체류하며 아르바이트가 가능하기 때문에, 워킹홀리데이 비자를 못 받은 경우 학생비자를 대안으로 고려할 수도 있습니다.

아일랜드 워킹홀리데이 비자는 상반기, 하반기 각 2회에 나누어 200명씩 무작위 추첨 선발을 합니다. 참고로 2016년에는 상반기는 4월 11일, 하반기는 10월 4일에 모집을 시작하였습니다. 신청비용은 84,000원이며, 어학연수는 6개월 허용됩니다.

신청 기간 내에 신청서를 작성하여 이메일 주소 workingholidayseoul@dfa.ie로 제출합니다. 이메일로 접수한 신청서 중 200여 개의 신청서를 무작위 추첨하여 당첨된 지원자들에게 접수 확인서 및 1차 구비서류 제출일을 이메일로 개별 통보합니다. 추첨에 뽑혀 이메일 통보를 받은 경우 신청서 출력본, 수수료 우편환, 여권사진 2매, 여권 전체 사본, 이력서 및 자소서, 학력증명서, 1,500유로 이상 영문 잔고증명서, 범죄경력증명서를 준비하여 주한아일랜드 대사관으로 등기우편으로 보냅니다.

이후 홈페이지를 통해 최종 합격자 발표를 확인하고 합격자는 여권 원본, 왕복항공권 예약 또는 발권 사본, 의료보험증, 여권 반송을 위한 반송용 등기우편 봉투와 우표를 제출합니다.

12
프랑스

　프랑스는 세계 문명의 뿌리인 유럽문명의 중심국가로, 오랜 역사와 풍부한 문화유산을 보유한 세계 최고의 관광대국입니다. 불어는 여전히 세계적으로 널리 사용되는 주요 언어이기도 합니다. 불어 전공자나 불어를 배우고자 하는 사람, 또한 자신의 분야가 프랑스에서 발달되어 있는 경우라면 프랑스 워킹홀리데이를 고려해볼 수 있습니다.

　프랑스는 연간 워킹홀리데이 정원이 2,000명인데, 2015년 400명의 한국인이 프랑스 워킹홀리데이에 참여했습니다.

　비자 구비서류는 여권 원본, 여권 사본, 장기 비자신청서, 사진, 범죄경력증명서, 2,500유로 이상의 영문 잔고증명서, 비자신청 동기서, 왕복항공권, 의료보험증명서, 건강진단서, 한국 내 가족연락처, 출입국사실증명서, 프랑스 거주지 주소, 택배운송장 등이 필요합니다. 별도 비자신청비는 없습니다.

프랑스 워킹홀리데이 비자는 보험 적용 시작일이 곧 비자 시작일이 되기 때문에 그에 맞춰서 프랑스에 입국해야 합니다.

13
대만

대만은 최근 방송에서 여행프로그램에 소개된 이후 여행 열풍이 불었습니다. 중국으로 인해 한국과 국교 단절이라는 역사의 굴곡이 있었지만, 한국의 주요 교역대상국이며 대중문화를 활발히 교류하고 있는 여전히 가깝고 친근한 국가입니다. 중국어를 배우고자 하거나, 이외 여러 목적으로 대만으로의 워킹홀리데이를 고려해볼 수 있습니다. 2015년에는 총 400명의 인원이 대만 워킹홀리데이에 참여했습니다. 2016년부터는 총원이 600명으로 늘었으며, 선착순으로 비자를 발급하고 있습니다.

비자신청을 위한 구비서류로는 온라인 신청서 작성 및 출력본, 이력서 및 대만에서의 활동계획서, 여권, 사진 2매, 의료보험증명서, 건강검진 증명서, 귀국항공권 또는 그에 상응하는 잔고증명서, 추가 2,500달러 이상의 잔고증명서가 필요합니다. 구비서류를 준비하여 서울 또는 부산의 주한타이베이대표부에 본인이 직접 방문하여 신청할 수 있습니다.

대만 워킹홀리데이 비자는 최초 입국 시 180일간 체류 가능하며, 추가 체류 시에는 대만 현지의 이민서를 방문하여 연장합니다. 최장 360일 체류가 가능합니다.

14
이탈리아

이탈리아는 유럽의 주요 국가이며, 유네스코 세계문화유산 1위를 자랑하는 관광 대국입니다. 패션, 음악, 요리, 축구 등 이탈리아에서 유명한 분야에 관심이 있거나 이탈리아어를 전공하거나 배우고자 하는 경우 선택해볼 수 있습니다. 2015년에는 총 123명의 인원이 이탈리아 워킹홀리데이에 참여했습니다.

이탈리아 워킹홀리데이 비자의 정원은 500명이며, 연중 신청이 가능합니다. 비자신청서를 온라인에서 다운받아 작성하여 출력, 사진 1매, 여권, 여권 컬러사본, 기본 증명서, 영문 주민등록등본, 항공권, 11,000유로 이상의 영문 잔고증명, 영문 의료보험증 사본, 영문 범죄경력증명서 등을 구비하여 주한 이탈리아대사관 홈페이지 예약 후 직접 방문합니다.

이탈리아 워킹홀리데이 비자는 일 자체의 목적이 아닌 여행이 주목적이며, 부수적으로 일을 할 수 있다고 규정하고 있습니다. 비자신청 시 본 사항에 맞게 신청서를 작성합니다. 일은 한 고용주 밑에서 6개월까지만 할 수 있으며, 정규직이 아닌 파트타임이나 캐주얼 잡만 가능합니다.

15
네덜란드

네덜란드는 유럽의 대표적인 강소국입니다. 유럽의 금융, 물류의 허브이면서 낙농, 화훼 등 다양한 분야에서 세계를 리드하고 있습니다. 경제 허브 국가답게 국민들이 몇 개의 외국어를 자유롭게 구사하기도 하며, 간혹 네덜란드로 영어 어학연수를 가는 사람이 있을 정도로 영어로도 소통이 거의 가능한 국가입니다.

연간 100명을 10월 1일부터 선착순으로 모집하여 마감합니다. 2015년에는 총 98명이 네덜란드 워킹홀리데이에 참가했습니다. 구비서류는 여권 원본, 사본, 온라인 다운로드 후 작성 출력한 비자신청서, 여권용 사진 2매, 왕복항공권 또는 그에 준하는 잔고증명서를 준비하여 주한네덜란드대사관에 예약 후 직접 방문합니다. 이후 본인 이메일 및 첨부파일로 네덜란드 출입국이민청(IND)에 우편 송부할 양식을 수령하게 됩니다. 이후 신청비용 53유로를 안내받은 계좌로 송금하며, 기타 대사관 접수 후 돌려받는 서류와 이후 이메일로 제공받는 서류를 작성하여 네덜란드 출입국 이민청(IND)에 국제우편으로 발송합니다. 이후 IND에서 심사 후 결과를 주한네덜란드대사관에 통보하고, 신청자에게 여권 지참 후 방문하라는 연락을 줍니다. 이때 방문하여 여권에 임시체류 허가증을 부착 받습니다.

네덜란드 도착 후 네덜란드 출입국 이민청(IND)에 방문하여 입국 사실을 보고하고, 이후 약 2주 후 체류허가증(Residence Permit)을 수령합니다. 이외에도 네덜란드 시청에 거주 등록, 보건당국에서 결핵검사 등을 해야 합니다. 이에 필요한 서류 등은 한국에서 검토하여 준비해 가야 합니다. 의료보험도 규정에 맞는 것으로 가입하고 가야 합니다.

네덜란드 워킹홀리데이는 대사관으로부터 임시체류 허가증을 발급받은 90일 이내 출국을 해야 합니다. 비자 기간은 비자 접수 시 본인이 3개월 이내로 예상 출국일을 지정하며, 그로부터 비자 기간 1년을 부여받습니다.

비자 발급과정이 다른 국가에 비해 다소 까다롭고, 비자 신청 후 결과 통보까지 최장 3개월이 걸리는 등 시간도 다소 소요되는 편입니다.

16
덴마크

덴마크는 세계에서 가장 행복한 국가 1위를 차지하고 있는 국가입니다. 이로 인해 덴마크식 삶의 방식이 무엇인가를 알기 위해 주변 유럽인들도 많이 찾고 있습니다. 영어 소통 범위도 매우 넓고, 무엇보다 행복지수가 낮아 좌절하는 한국 젊은이들이 경험하기에 좋은 국가라 할 수 있습니다.

비자 인원의 제한이 없으며, 비자 신청도 연중 가능합니다. 2015년에는 총 71명이 덴마크 워킹홀리데이에 참가했습니다.

비자신청 구비서류는 비자신청서, 여권, 여권 사본, 여권용 사진 2매, 덴마크

화폐로 15,000크로네 상당의 본인명의 영문 은행잔고증명, 보험증권 원본과 사본, 항공권 예약증 등이 필요합니다. 신청비용은 53만 원이며, 방문 시 현금 납부합니다. 비자 접수는 특이하게 노르웨이 비자 신청센터에서 진행합니다. 미리 전화예약을 하고 방문하면 됩니다. 서류 접수 후 비자발급까지 2~4개월 소요됩니다.

영어 소통 범위가 넓은 국가이지만 일을 하려면 기본적인 덴마크어는 필요합니다. 어학원에 따라서 무료로 덴마크 어학연수를 받을 수 있는 곳들이 있습니다. 총 1년 체류기간 중 어학연수는 총 6개월까지 가능하고, 취업은 최장 9개월까지 가능합니다.

17
스웨덴

 스웨덴은 세계 최고의 복지국가로 한국의 방송에도 많이 소개되는 국가입니다. 인간으로서의 삶의 질을 논할 때 가장 문명화되어 있다는 북유럽 국가 중 워킹홀리데이 비자 발급이 가능한 국가가 바로 스웨덴입니다. 영어권 국가에 어학연수를 가면 스웨덴 학생들을 거의 만날 일이 없는데, 그만큼 국민들의 영어 수준이 높다는 것을 의미합니다. 영어 소통 범위가 넓고, 세계 최고의 복지국가에서의 경험을 원한다면 좋은 워킹홀리데이 국가가 되리라 생각합니다.

 스웨덴 워킹홀리데이 비자는 인원 제한 없이 연중 신청이 가능합니다. 2015년에는 총 47명이 스웨덴 워킹홀리데이에 참여했습니다. 워킹홀리데이 기간 중 어학연수나 취업 등의 업종, 기간 제한이 없습니다.

비자신청은 온라인으로 이루어지며 구비서류는 스캔해서 올립니다. 구비서류는 여권 사본, 본인 명의 영문 은행잔고증명, 왕복항공권 또는 항공권을 구매할 수 있는 잔고, 해외여행자 보험 등입니다. 비자 신청비용은 1,000크로나입니다.

18
헝가리

헝가리는 중북유럽에 위치한 국가이며 매우 친절한 국민성으로 유명합니다. 헝가리어를 배우고자 하거나 한국인이 운영하는 샵 등에서 일을 하며 헝가리를 포함해 유럽 곳곳을 여행하고자 하는 이들이 워킹홀리데이 비자를 받고 있습니다.

연중 비자신청이 가능하고, 연간 최대 100명까지 비자를 발급하고 있으며, 2015년 한국인 참가자는 37명입니다.

비자신청 구비서류는 범죄경력증명서, 주민등록증, 항공권 예약증, 영문 잔고증명서, 여행자보험, 비자신청서, 여권용 사진 1매와 여권입니다. 주한형가

리대사관에 신청을 하며, 비자신청 후 수수료 60유로를 은행 송금을 합니다.

19 오스트리아

오스트리아는 우리에게 음악의 국가로만 알려져 있는데, 1955년 주권 회복 이후 사회적 협의를 이뤄 유럽의 강소국으로 경제와 문화 모두 발달된 복지국가입니다. 공용어로 독일어를 사용합니다.

오스트리아 워킹홀리데이 비자는 연중 신청이 가능하고, 연간 300명까지 비자를 발급합니다. 2015년에는 총 34명이 참여했습니다. 비자신청은 주한오스트리아대사관뿐만 아니라, 주독일 총영사관(뮌헨), 주슬로바키아 오스트리아 대사관(브라티슬라바), 또는 주슬로베니아 오스트리아 대사관(류블랴나)에서도 가능합니다. 한국에 있는 경우에는 주한오스트리아 대사관 홈페이지에서 온라인 예약 후 방문합니다.

다른 국가의 워킹홀리데이 비자와 달리 오스트리아 워킹홀리데이 비자는 최장 체류 기간이 6개월로 가장 짧습니다. 구비서류는 쉥겐 비자 신청서, 여권 사진 2장, 여권, 여권 전면 복사본, 여행자보험, 항공권 예약증, 오스트리아 최고 2주 이상 숙박 예약 확인증, 6개월 은행거래내역서, 범죄경력증명서, 주민등록등본 등입니다. 비자 신청 수수료는 100유로입니다.

20
체코

체코는 '프라하의 봄'으로 우리에게 알려진 국가입니다. 여행을 하다 더 긴 시간을 체코에서 체류하고 싶거나, 또는 한국의 대기업이 많이 진출해 있는 이유 등으로 체코 워킹홀리데이를 도전해볼 수 있습니다.

체코 워킹홀리데이 비자는 연중 신청이 가능합니다. 2015년에는 총 31명이 체코 워킹홀리데이에 참여했습니다.

체코 워킹홀리데이 비자 구비서류는 장기비자신청서, 여권, 여권 사본, 여권 사진 3매, 왕복항공권, 약 450만 원 이상의 은행잔고증명서와 6개월 입출금

내역, 범죄경력증명서, 서약서, 여행자 의료보험, 체코 내 주거지 주소, 일 할 곳의 회사명, 주소, 어떤 일을 할 것인지 정보서 등입니다. 주한체코대사관에 이메일로 보내고 예약 후 방문합니다.

체코 입국 후에는 3일 이내 거주지 경찰서에 거주지를 신고해야 하며, 거주지 변경의 경우 30일 이내 이민관리부에 신고해야 합니다.

21
포르투갈

스페인과 붙어 있는 국가인 포르투갈은 우리에게는 다소 낯선 느낌입니다. 그런데, 인구와 영토를 바탕으로 신흥 강국으로 부상하고 있는 브라질이 포르투갈어를 사용합니다. 포르투갈은 포르투갈어를 배울 수 있고 브라질보다 안전하고 쾌적한 환경에서 생활이 가능한 국가입니다.

워킹홀리데이 비자 신청은 연중 가능하며, 200명까지 비자 발급을 하고 있습니다. 2015년에는 총 18명이 포르투갈 워킹홀리데이에 참여했습니다.

비자 신청 구비서류는 비자신청서, 반명함판 사진 1매, 여권사본, 최소 840만

원 이상의 예금 잔고증명, 신체검사서(B형간염, 에이즈 검사 필수), 항공권 예약증 사본, 숙소 예약증, 신원조회 동의서, 범죄경력증명서, 여행자보험 등입니다. 주한 포르투갈 대사관에 사전 예약 후 본인이 직접 방문하여 신청합니다.

포르투갈 워킹홀리데이 비자는 입국일로부터 90일 임시체류 허가를 우선 받고, 이후 현지에서 포르투갈 이민국에 방문하여 비자를 연장하여 최장 12개월까지 체류 가능한 형태입니다. 어학연수 기간에 제한은 없습니다.

22
벨기에

벨기에는 유럽의 워싱턴 DC와 같은 국가입니다. 유럽연합의 본부가 바로 벨기에에 있기 때문입니다. 네덜란드어, 불어, 독일어를 공용어로 사용하고 있는 벨기에는 독특한 복합문화 국가이며 인구가 조밀한 국가입니다.

벨기에 워킹홀리데이 비자는 최근 한국과 체결되어 2015년 출국 인원은 없습니다. 연간 총 200명 내에서 비자를 발급합니다.

비자 신청 서류는 여권, 여권 페이지 사본, 비자신청서, 여권 사진 3매, 325만원 이상의 은행잔고 또는 카드명세서와 신용카드, 위험 보장보험 가입확인서, 왕복항공권 또는 항공권 비용 잔고증명, 범죄경력증명서, 건강진단서(대한민국 외교부 아포스티유 공증), 215유로 송금확인서 등이 필요합니다. 비자신청은 본인이 직접 주한벨기에 대사관에 방문해야 하며, 이때 비자 비용 234,000원을 현금으로 납입합니다.

벨기에 워킹홀리데이 비자는 학업 6개월 이내 가능하고, 취업 기간도 6개월 이내 가능합니다. 벨기에 도착 후 8일 이내에 관할 지방 당국에 거주허가증을 신청해야 합니다.

23
이스라엘

이스라엘은 노벨상과 세계의 과학과 철학을 주도해 온 유대인의 국가입니다. 공식 언어로는 히브리어를 채택했지만, 영어 소통범위도 꽤 넓은 편이며, 최근에는 첨단 IT산업을 발전시키고 있는 국가입니다. 한국과는 최근 워킹홀리데이 협정을 맺어 2015년 참가인원은 없습니다. 연간 200명의 인원을 선발하며 상시 신청이 가능합니다.

비자신청은 우선 비자신청서와 여권사본을 이메일 cao-sec@seoul.mfa.gov.il로 보냅니다. 이때 연락을 받고자 하는 이메일 주소와 전화번호도 반드시 적어야 합니다. 이후 비자신청서, 여권, 여권용 사진 2매, 신청비용 55,000원을 소지하고 대사관에 방문합니다. 그다음 여권사본, 왕복항공권, 영문 잔고증명서, 의료보험 사본, 건강진단서, 영문 범죄경력증명서를 스캔하여 대사관 이메일로 1개월 이내에 보냅니다. 이후 비자 승인까지 약 2주 정도의 기간이 소요됩니다. 허가 승인 이후 신원확인을 위해 방문 예약을 하고 다시 대사관에 방문합니다. 이때 비자를 발급받습니다.

이스라엘 워킹홀리데이 비자는 발급 후 3개월 이내 이스라엘에 입국해야 합니다. 어학연수는 6개월 가능하며, 취업은 한 고용주 밑에서는 3개월만 가능합니다.

24
칠레

칠레는 남미에서 유일한 워킹홀리데이 협정 국가이며, 유일하게 스페인어를 사용하는 워킹홀리데이 국가입니다. 우리와 FTA 1호 체결 국가이기도 합니다. 스페인이 워킹홀리데이 협정이 되어 있지 않기 때문에 스페인어를 배우고자 하는 경우나 남미를 경험하고자 하는 경우에 칠레 워킹홀리데이 비자를 신청할 수 있습니다. 한국과는 최근 비자협정이 체결되어 2015년 참가자는 없습니다.

비자 인원에 제한이 없으며 연중 비자신청이 가능합니다. 아울러 비자 신청 비용도 무료입니다. 비자신청은 칠레 대사관에 직접 방문하여 진행합니다. 구비서류는 여권, 여권 사진 1매, 이력서 및 활동 계획서, 재학증명서 또는 졸

업증명서, 영문주민등록등본, 건강진단서, 3,000달러 이상의 본인 명의 영문 잔고증명서, 영문 범죄경력증명서, 해외여행자보험 등이 필요합니다. 비자신청서는 주한칠레대사관 홈페이지 내에서 온라인으로 작성하여 접수합니다. 비자 발급에는 2~3주 정도 소요됩니다.

25
미국

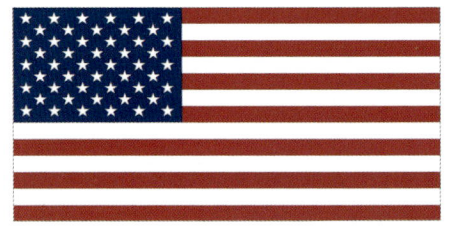

미국은 한국 젊은이들이 가장 경험해보고 싶어 하는 국가이기 때문에 미국에는 워킹홀리데이 비자가 없는지 질문을 자주 받습니다. 아쉽지만 미국은 한국과 워킹홀리데이 비자 협정이 체결되어 있지 않습니다.

미국은 여러 면에서 세계를 리드하고 있는 국가이고, 현 시기 최강대국이기 때문에 경험 가치가 높은 국가입니다. 즉, 청춘의 시기 자신감과 야망을 키우기 가장 좋은 국가라 할 수 있습니다.

미국을 워킹홀리데이 비자와 최대한 비슷하게 경험하는 방법은 학생비자(F 비자)로 미국에서 아르바이트를 하는 것입니다. 학생비자의 경우 대학부설 어학원을 제외하고는 원칙적으로 아르바이트가 허용되지 않지만, 실제 미국에 가 보면 많은 학생비자 소지자들이 현금을 받는(Cash Job) 형태의 아르바이트를 하고 있습니다.

과거에는 많은 학생을 아르바이트를 병행하는 미국 어학연수를 독려해서 보내곤 했습니다. 경험 가치가 높은 국가이다 보니 다른 국가의 단순 워킹홀리데이에 비해 여러 면에서 크게 성장해서 돌아오는 모습을 볼 수 있었습니다.

그러다가 어느 순간부터 인터넷에서 국제변호사 등이 미국에서 학생비자로 일을 하면 불법이라는 단순규정만을 언급하는 형식적인 글을 자주 올리면서부터 아르바이트를 병행하는 미국 어학연수를 거의 고려하지 않는 분위기로 바뀌기 시작했습니다. 개인적으로 그런 방법을 안내하면 이상하게 바라보기도 합니다.

미국은 학업이 유지되어야 하는 학생비자로 가야 하니, 학업 의무가 없는 워킹홀리데이보다는 초기 비용이 많이 듭니다. 학생비자를 취득하려면 초기 3개월 정도는 중급 이상의 어학교에 등록을 해야 하기 때문입니다. 하지만, 첫 등록 어학교 학업 완료 이후에는 저렴한 어학교로 현지에서 등록을 하고, 생활을 알뜰하게 한다면, 아르바이트로 어학연수와 체류비를 충당하는 것이 가능할 수도 있습니다. 그렇게 미국생활을 하면서 언어와 경험, 그리고 다른 어느 국가에서의 경험보다 큰 자신감과 야망을 키워오는 것입니다.

물론 이것을 공식적으로 독려할 수는 없습니다. 하지만, 오랜 시간 많은 이들이 미국에서도 학생비자로 아르바이트를 하는 형태로 해외도전을 해 왔음을 참고할 가치가 있기에 안내합니다. 비용이 너무 부족한 경우라면 어렵겠지만, 어느 정도 초기 비용이 부담 가능하다면 미국생활을 하면서 아르바이트 병행 어학연수, 즉 워킹홀리데이와 같은 생활을 할 수 있기 때문입니다.

다만, 미국 학생비자는 취득하기가 매우 어려우므로 위와 같은 방법은 비자를 받기 상대적으로 쉬운 대학 재학생의 경우에 적합합니다. 졸업생 신분이라면 미국에서 유급으로 인턴십을 하는 인턴십 프로그램에 지원할 수 있으며, 이때 비자는 교환 비자(J 비자)를 발급받습니다.

PART 04
워킹홀리데이를 마치고

01
떠남과 변화

떠남은 변화를 전제로 합니다. 그리고 변화는 단순한 비판이나 푸념이 아닌, 삶의 신념 체계와 행동을 바꾸는 것이어야 합니다.

많은 사람이 장기간 워킹홀리데이를 다녀온 이후 진정 사람 사는 세상을 경험했다며, 그에 대비하여 한국사회를 비판하곤 합니다. 하지만, 오래지 않아 다시 한국사회의 체계 속에 흡수되어 자신이 비판했던 것들을 잊습니다. 이러한 떠남은 의미가 없습니다.

진정한 떠남이란 돌아옴 이후 생활형태가 근원적으로 변하는 것을 의미합니다. 자신이 떠남으로 인해서 획득한 가치를 사회적 관계 속에서 스스로도 의식하지 못할 정도로 너무도 당연한, 당당한 실천으로 행할 수 있어야 합니다. 그래야 주변을 밝히는 별이 됩니다. 떠남 이후의 변화는 별이 될 수 있는 변화여야 합니다.

지금 한국사회는 위기입니다. 흔히 위기라 하면 경제위기를 말하는데, 그것은 현상으로 드러나는 일면일 뿐 본질은 인간성의 위기입니다. 니체는 '신은 죽었다.'라고 선언했는데, 이 땅에서는 '인간이 죽었다.'라고 선언할 수 있을 정도입니다. 인간의 본질적 성품을 상실하고, 어디로 가는지도 모른 채 각자도생의 아수라에 허덕이는 삶이 너무 많습니다. 더 중요한 것은 그러한 삶을 함께 변화시킬 수 있는데도 의문조차 제기하지 않고, 더욱이 그 변화는 자기 삶의 질 향상과 나라발전에도 도움이 되는 것임에도 불구하고 오히려 부정부패한 기득권 세력에 부화뇌동하여 큰일이나 날 것처럼 변화를 막아서고 있다는 것입니다.

변화가 전제되지 않는 떠남은 노년의 관광과 같습니다. 청춘의 것이 될 수 없습니다. 청춘의 떠남은 변화를 기대하는 것이며, 길 위에서 경험과 각성을 기대하는 것입니다. 그리하여 사회적 변화를 만들어 낼 수 있는 별이 되는 것입니다.

떠남으로 별이 될 수 있는 여러분을 기대하겠습니다.

02
진정한 언어 성공

해외도전에서 언어를 열심히 공부하고 그 언어로 열심히 놀았다면 이제 홀로 공부가 가능한 박사가 된 것입니다. 박사란 그 분야의 모든 것을 안다는 것이 아니라, 홀로 학문할 능력을 갖췄음을 의미하는 학위입니다.

외국에서 공부하고 생활하였다 하더라도 1년 정도로 사회생활에서 유용한 수준의 언어능력을 갖추기는 어렵습니다. 내가 그 언어 능력자라 인정받을 수준이 되려면 돌아옴 이후에 지속적인 언어학습을 해야 합니다. 즉, 시간적으로는 돌아옴 이후지만, 이후 언어학습을 얼마나 진지하게 지속적으로 해나가는가에 따라서 시간적으로 그 이전에 다녀온 해외도전이 진정한 성공인지 아닌지 판가름나게 됩니다. 즉, 진정한 언어성공은 후속조치에 의해서 결정되는 것입니다.

이에 대한 이해와 비전을 명확히 가져야 떠남의 시간에 조급증으로 불행하지 않을 수 있고, 돌아옴 이후의 시간에 학습의 자극을 유지할 수 있습니다. 많은 사람이 이에 대한 이해 부족으로 외국생활에서 괜한 우울증이나 스트레스에 시달리기도 합니다.

언어학습의 후속조치는 학내 교환학생 외국인 도우미, 여러 외국친구들과의 정기적 어울림, 학교 지원 또는 각종 기업체 지원의 해외활동, 해외 워크캠프, 드라마, 영화 등의 매체 학습, 랭귀지 익스체인지, 다양한 언어모임 활동 등을 해볼 수 있습니다.

위와 같은 활동과 더불어 필수적인 것이 공인시험을 정기적으로 응시하는 것입니다. 개별 활동은 일시적으로 열정을 발휘하기도 하지만, 시간이 바빠지면 잊어버리기 때문입니다. 따라서 공인시험을 정기적으로 응시하면서 언어학습의 자극과 동기를 유지해야 합니다. 점수로 표현되는 시험은 공부의 열정과 자극을 높이는 데 효과적이기 때문입니다.

인류 역사상 가장 오랫동안 성공적으로 존속해 온 제도가 바로 종교제도입니다. 이유는 무엇보다도 정기적이고 반복적이기 때문입니다. 인간의 성품은 단번의 깨달음이나 자극으로 '이제 다 이루었다.' 할 수 없습니다. 정기적이며 반복적인 방식, 즉 여전한 방식, 생활의 방식으로 그것을 고양해야 이루어짐의 상태가 유지, 발전되는 것입니다. 진정한 언어 성공에도 이러한 정기적이고 반복적인 장치가 필요한데, 그것이 바로 공인시험 응시입니다.

언어 성공은 돌아옴 이후에 판가름 납니다. 자극을 유지하며 정진하여 진정한 언어 능력자가 되길 바랍니다.

03
꿈 자금
: 돈

현실적으로 워킹홀리데이 생활을 하면서 돈을 모아 올 수 있는 나라는 많지 않습니다. 과거와 달리 한국의 시급도 많이 오른 편이라 선진국으로 워킹홀리데이를 가더라도 격차가 크지 않고, 현지에서 생활비, 여행비도 지출해야 하기 때문입니다.

만일 언어, 경험, 돈이라는 목적 중 돈을 모아야 하는 목적의 비중이 크다면 여러 워킹홀리데이 국가 중 호주를 선택하는 것이 유리합니다. 호주는 시급이 여러 나라 중 가장 높은 편이며, 일자리 종류가 다양하고, 근속이나 능력이 좋을 경우 시급이 올라갈 여지도 많기 때문입니다.

워킹홀리데이 생활에서 돈에 관한 몇 가지 원칙을 확인해보겠습니다.

• 카지노, 유흥은 금물

젊은 나이에 충동적으로 카지노에 가거나 유흥의 강렬한 유혹을 받기도 합니다. 결과는 예외 없이 폐인이 되는 것이니 절대적으로 경계해야 하겠습니다.

• 돈을 쓰더라도 언어를 위해서

돈을 지출하는 원칙은 언어와 경험에 두어야 합니다. 언어와 경험에 쓰는 돈은 낭비가 아니라 투자가 되기 때문입니다. 몇 달 일을 하다가 중간에 어학원을 잠시 다니거나 현지인, 외국인들과의 어울림의 공간인 파티, 펍, 여행 등이 대표적인 투자입니다.

• 가능하면 돈을 남겨 오기

현지에서 생활비, 여행비 등의 필수적인 지출이 많겠지만, 가능하다면 외국에서 번 돈을 외국에서 다 쓰고 오겠다는 생각보다는 약간의 돈이라도 남겨 오겠다는 자세가 바람직합니다.

떠남의 공간에서는 야망과 자신감 속에 큰 인간으로 생활하지만, 한국의 일상으로 다시 돌아왔을 때 막상 용돈이 없어지면 이내 비참한 작은 인간이 되어 버릴 수 있습니다. 돌아옴 이후 단 몇 달이라도 쓸 수 있는 용돈을 남겨오면 매우 유용하게 사용할 수 있습니다.

• 청춘의 가장 큰 재산은 자기발전

돈을 벌 수 있는 워킹홀리데이 국가라면 돈을 남겨올 수도 있겠지만, 그것이 불가능한 국가라면 돈에 연연할 필요는 없습니다. 돈 보다 더 중요한 것이 젊은 시절 자기발전이기 때문입니다. 무엇보다 언어와 경험에 더 많은 투자를 해보길 바랍니다.

• 꿈을 위한 자금

만일 자신에게 많은 비용이 필요한 꿈이 있다면 워킹홀리데이 생활에서 언어와 경험을 포기하지 않는 선에서 최소화하고 돈에 몰입해볼 수도 있습니다. 예를 들어 유학을 하고 싶은데 유학비용의 일부분이라도 스스로 벌어 추진력을 얻으려 하거나, 한국에서 부모님의 용돈과 간섭의 제약 없이 일정기간만이라도 내가 진정 원했던 것을 추구하고 싶은 경우들입니다. 즉, '꿈 자금'이 필요하다면 그에 맞게 돈에 시간과 노력을 더 투자해볼 수도 있는 일입니다.

꿈은 정신적인 가치의 영역이지만, 돈이라는 물질적 기반이 없이는 추진력을 얻기 어렵습니다. 20대는 꿈의 영역이 가장 큰 세대이기도 합니다. 워킹홀리데이는 언어와 경험이 주요한 목적이지만, 만일 절실한 꿈이 있고, 그 자금이 필요하다면 시급이 높고 비자 연장이 가능한 호주 같은 나라로 가서 비자 연장까지 2년을 고려하여 돈을 모아 보는 것도 가치 있는 일이 될 수 있습니다.

04
공백 기간, 워킹홀리데이+α

20대의 해외도전은 대학생의 경우 휴학, 직장인의 경우 이직 기간에 하게 됩니다. 워킹홀리데이를 고려한다면 출국 전후 기간을 합해 1년~1년 반 정도의 공백 기간을 계획하는 경우가 많습니다.

해외도전에 성공하는 것도 중요하지만, 전체 인생에서 온전히 자기만의 시간인 공백 기간에서 해외생활 전후의 시간을 효과적으로 보내는 것도 매우 중요합니다. 출국 전 1~2개월은 출국을 위한 언어 준비 기간으로 사용하는 것이 바람직하다는 조언을 드렸는데, 귀국 후 공백 기간에 대해서는 독서의 시간으로 활용할 것을 권합니다.

독서는 언제라도 유용한 것이지만, 해외도전을 다녀온 후에는 한층 고무된 의식이라는 형식 안에 독서를 통해서 다양한 내용을 채울 수 있으므로 더욱 의미가 있습니다. 또한, 독서는 사회진출을 위한 가장 중요한 스펙이기도 합니다.

1. 생각의 파편이 사상이라는 틀을 갖게 된다.

떠남 속에서 무언가 뜨거운 것이 울컥하긴 하는데, 파편으로만 떠돌 뿐 생각으로 정리되지 않는 답답함이 있습니다. 독서는 '생각'이라는 파편들을 모아 '사상'이라는 틀을 만들어 줍니다. 돌아옴 이후 여러 가지 뜨거운 생각의 조각을 독서로 정리해보는 시간을 가져보길 바랍니다.

2. 취업을 위한 최고의 스펙

이 부분에 대해서는 우연히 읽게 된 글 한 편을 소개하겠습니다. 여러모로 크게 공감되는 글이기에 20대 여러분에게 일독을 권합니다.

〈똑똑한 사람 VS 독독한 사람〉

지난 연말에 신입사원 면접관을 하면서 느낀 바가 있어 몇 자 적어본다. 서류전형에서 출제된 10개의 문제 중 한 꼭지가 '최근에 읽은 책 한 권에 대해 말해보시오.'라는 독서 관련 질문이었는데, 내게는 그 부분만 검증해도 좋다는 인사팀의 요청에 주제 넘는 자리를 허락해버린 것이다.

사실 70명 정도의 서류를 채점하면서 난 놀라움을 금치 못했다. 요즘 젊은 친구들을 보면 참으로 '똑똑'하다. 지금 사회가 원하는 스펙을 살펴보면 일찍 태어나길 잘했다는 생각이 들 정도다. 화려한 스펙들의 이면에는 '이 스펙을 쌓느라 얼마나 힘들었을까?' 하는 연민마저 느껴질 정도였다.

네이티브 수준의 외국어는 기본 중의 기본, 오랜 기간의 인턴 경험, 각종 공모전, 봉사활동, 해외연수, 해외여행, 처음 보는 자격증들…….한마디로 스펙타클한 스펙인들이었다.

내 눈에는 모두 '똑똑'해 보였다. 그런데 그 '똑똑함'들이 하나같이 똑같아 보였다는 점이 문제였다. 한마디로 상향 평준화였다. 면접에서는

'기본자질+다른 자질'을 두루 평가한다. 그런데 그런 '돌출도'를 지닌 친구들은 몇 안 되었다. 심지어 그 스펙에 관해 묻자 오래 되어서 기억이 잘 안 난다는 답변마저 나올 정도였다. 그 스펙을 쌓을 때의 경험이 얼마나 평범했으면 기억마저 안 나는 것일까?

두 번째로 놀랐던 점은 그들의 '글쓰기'였다. 그 화려한 스펙들이 연민을 불러일으켰다면 '글쓰기'는 안쓰러움을 느끼게 했다. 자신을 표현하는 방법에는 '말'이라는 드러나는 부분과 '글'이라는 숨겨진 부분이 있다. 면접 자리에서 그들은 화려한 스펙처럼 '똑같이' 화려한 언변을 보여주었다. 도저히 입사서류에 적어놓은 '글'로는 상상할 수 없을 만큼의 언변이었다.

그런데 그들의 글은 초등학생들에게는 미안한 말이지만 초딩 수준이었다. 맞춤법을 틀리는 것은 기본, 문법을 제대로 갖추지 못한 비문이 비일비재했다. 그리고 결정적으로 무엇을 말하고자 하는지 도무지 종잡을 수가 없었다. 그 똑똑한 친구들이 쓴 글이라고 믿기지 않았다.

면접 때 나는 그들이 읽은 책에 대해 물었다. 책을 선택하는 것은 그들의 자유일 것이다. 그런데 그 자유로운 선택으로 읽어낸 책에 대한 소감, 느낌, 그 책을 읽고 어필하고 싶은 점이 도통 공감이 되지 않았다. 이런 현상은 개인에 국한된 측면만은 아니다. 하지만 면접은 개인의 일이다. 경쟁사회에서 다른 사람보다 도드라지는 자질은 더 이상 스펙만으로는 힘들다는 것이 내 개인적인 생각이다.

차별성을 확보하기 위해서라도 책읽기를 권한다. 현실적인 제안을 하겠다. 평균 서너 가지 이상의 스펙을 보유한 친구들아. 그중 하나만 포기하자. 그리고 그 스펙을 쌓는데 들였던 수고와 비용을 독서에 투자하자. 말 그대로 '투자'이다. 딱 3개월만 책을 읽는데 올인해보자. 100권은 충분히 읽을 수 있다. 회사 생활을 하는 나도 틈틈이 읽어 1년이면 300권 가까이 읽는데 절대 불가능하지 않다.

50여 권을 돌파할 때 즈음 되면 똑똑한 여러분은 '독독(讀讀)'한 사람으로 변신하고 있는 자신을 발견하게 될 것이다. 나아가서는 '글쓰기' 신공이 자신도 모르게 쌓여있음을 느끼게 될 것이다. 그리고 페이스북을 연습장 삼아 짧은 글부터 써보라. 당신이 쓴 글에 대한 '좋아요'의 숫자는 면접관들이 느낄 당신의 서류에 대한 반응과 일치할 것이다.

독서가 쓸모 없다는 젊은이들에게 간곡히 부탁한다. 쓸모 있다. 스펙이라는 혹을 단 낙타가 통과하기 불가능한 바늘구멍은 스펙이라는 짐을 하나만 내려놓음으로써 그 구멍은 반드시 더 넓어진다.

3. 성공과 행복의 필수조건

성공한 사람의 공통점은 자신의 성공 원인으로 거의 예외 없이 독서를 꼽습니다. 따라서 성공을 원한다면 필히 빠질 수 없는 것이 독서행위입니다. 아울러 독서는 행복의 필수조건이기도 합니다. 알면 보이고, 보이는 만큼 사랑하고 누릴 수 있기 때문입니다. 같은 하늘을 보아도 그 안에서 많은 것을 느낄 수 있다면 그만큼 더 행복할 수 있는 것입니다.

4. 선진국의 필수조건

전 세계에서 오랫동안 선진국의 위치를 점하고 있는 나라들은 모두 공통적으로 독서 강국들입니다. 미국, 영국, 독일, 프랑스, 일본 등이 그 예입니다. 반대로 선진국이 되지 못한 나라 중 독서 강국은 없습니다. 국민 개개인의 독서는 그만큼 사회 전체의 수준에 큰 영향을 미치는 것입니다.

5. 독서하지 않는 것은 죄일 수 있다.

순진무구함은 자랑이 아니라 죄가 될 수 있습니다. 독서하고 생각하지 않는 무지와 무구함은 일부 자신들만의 이익을 탐하는 지배층이 자신의 악한 논리를 이식하기 아주 좋은 밭이기 때문입니다.

한국에는 성품은 좋으나, 사회발전에 해가 되는 정치적 논리와 성향을 가진 사람이 매우 많습니다. 바로 무지와 무구함 속에 지배층의 교묘한 논리가 손쉽게 이식되었기 때문입니다. 나를 위한 것뿐만 아니라, 남을 위해서도 독서를 해야 합니다.

한나 아렌트는 아우슈비츠의 유대인 학살의 범죄자 아이히만 재판을 취재하며, '악의 평범성' 개념을 말합니다. 오직 자기에게 주어진 의무를 수행했고, 명령에 복종한 것에 불과했다고 말하는 뻔뻔한 범죄자는 '교묘한 악마'가 아니라, '철저한 무뇌자'에다가 '사유까지 결여'된 자였기 때문입니다. 생각 없음은 바로 악이 될 수 있는 것입니다.

6. 짧은 시간 안의 효율적인 독서법

짧은 시간 안에 독서의 효율을 높이려면 무엇을 읽을 것인가에 대해서도 몇 가지 고려해야 합니다. 우선 동서양의 고전은 필수적으로 탐독해야 합니다. 이때 원전을 번역한 것보다는 청소년 대상으로 나온 간추린 것을 읽는 것이 좋습니다. 원전은 너무 어렵고 방대하여 한두 권 읽다가 쉽게 지쳐 독서를 포기할 수도 있고, 짧은 시간 안에 넓은 범위의 독서를 하기 어렵습니다. 청소년 대상이라 하여 무시할 수준은 전혀 아닙니다. 서양 고전은 플라톤의 [국가]부터, 동양 고전은 공자의 [논어]부터 시대순으로 읽는 것이 좋습니다.

이외 독서는 개인의 선호도에 따라 인문, 사회, 과학, 역사, 문학 등 원하는 분야를 선택해도 되고, 읽어나가면서 자연스레 가지를 뻗어나가도 무방합니다.

20대의 공백기를 해외도전과 함께 일정 기간 독서에 몰입한다는 것, 생각만 해도 꿈같은 일이 될 것입니다.

05
애국심과 세계시민의식

외국에 나가면 누구나 애국자가 된다는 말이 있습니다. 고달픈 생활에 고국에 대한 그리움이 생기고, 나와 다른 나라 사람들 속에서 생활하기에 비로소 내가 한국인이라는 자각을 하기도 합니다.

애국심은 가볍게는 올림픽, 월드컵 같은 스포츠 행사에서 발휘되기도 하고, 목숨을 건 독립운동 같은 형태로 발휘될 수도 있습니다. 애국심은 내 존재의 바탕이 되는 근원에 대한 사랑이므로 건전한 형태로 발전 및 고양되어야 할 감정입니다.

애국심과 병행하여 세계시민의식을 고양시켜 나가야 합니다. 세계시민의식이란 국가, 민족, 종교 등 다름의 차원이 아닌 인간 존재로써 같음의 차원인 보편성에 기반을 둔 의식을 말합니다. 즉, 인간의 이성이란 서양인이 다르고 동양인이 다른 것이 아니며, 한국인이 다르고 미국인이 다른 것이 아닙니다.

우리는 이 다름과 같음에 관한 사랑을 동시에 지니고 있어야 합니다. 즉, 조국을 위해 무엇을 할 수 있을지에 대한 소명의식도 갖고, 인류를 위해 무엇을 할 수 있을지에 대한 소명의식도 가져야 합니다.

인류는 다름을 강조하는 사상으로 크나큰 재앙을 겪었습니다. 나치의 유대인 학살과 일제의 한국인, 중국인 학살, 이외 최근에도 유고 내전, 아프리카에서의 종족 간 인종청소 등 상상하기 어려울 정도의 끔찍한 범죄들이 행해져 오고 있습니다.

비뚤어진 증오를 애국심으로 오인해서는 안 되겠으며, 순수한 애국심이라 하더라도 인간의 보편성에 기반을 둔 세계시민의식을 넘어서면 안 된다는 것을 알 수 있습니다. 인간으로써의 같음에 기인한 보편사상만이 평화와 공존의식으로 인류를 유지하고 존속시킬 수 있습니다.

특히, 우리나라의 건국이념은 세계시민의식과 맞닿아 있습니다. '널리 인간을 이롭게 한다.'는 홍익인간의 건국이념이 바로 그것입니다. 세계에서 이러한 보편사상을 건국이념으로 갖고 있는 나라는 없다고 합니다. 바로 우리가 홍익인간의 건국정신으로 세계시민의식을 널리 전파할 적임자라 할 수 있습니다.

세계 어디를 가도 다름에 대한 차별과 갈등이 아닌, 같음에 대한 이해와 친절을 통해 홍익인간의 정신을 실천하는 여러분이 되길 바랍니다.

06
자기 자랑과 십자가의 길

　　　　　　　　　　개인적으로 일 년 반 전부터 어떤 계기가 되어 교회에 나가고 있습니다. 그곳 목사님의 책을 우연히 읽게 되었는데, 개인적으로 크게 공감하는 바가 있어 소개하고자 합니다. 책은 우리들교회 김양재 목사님의 저서로 제목은 [나를 살리는 회개]입니다.

기독교에서 '십자가의 길'이라 하면 예수님이 인류 구원을 위해 걸어가신 고난의 길을 말합니다. 이는 일상생활에서도 힘든 길, 어려운 길, 희생의 길의 의미로 흔히 사용되곤 합니다. 그런데 그 책에 '십자가의 길'의 반대되는 것이 '자기 자랑'이라고 쓰여 있었습니다.

기독교에서 십자가의 길이라 하면 가장 숭고한 모습을 의미하며, 그것에 반대되는 것이라 하면 가장 악한 사탄의 길이 될 것입니다. 그런데 바로 그 사탄의 길이 '자기 자랑'이라는 것입니다.

인류문명은 유럽문명에 기반하고 있으며, 그 원형은 그리스문명입니다. 그런데, 그리스 시대 문학을 보면 [오이디푸스 왕] 등 예외 없이 비극입니다. 작은 실수나 운명의 장난으로 숭고한 인간의 삶이 크나큰 비극의 나락으로 떨어지는 것입니다. 사람들은 그러한 비극을 통해서 공포와 연민의 카타르시스를 느낍니다. 그 시대에도 삶의 본질을 비극으로 인식했음을 알 수 있습니다. 셰익스피어의 위대한 작품도 모두 비극입니다.

우리가 받는 고통은 절대적인 결핍에만 기인하지는 않습니다. 고통은 타인들의 허세와 같은 '자기 자랑'으로 인해 삶이 근본적으로 비극이라는 것을 잊기 때문에 발생합니다. 예를 들면 작은 집에 살고, 작은 차를 타는 것이 그 자체로 고통스러운 것이 아니라, 우연히 참석한 동창 모임에서 나와 비슷한 능력이었던 친구의 큰 집과 큰 차의 자기 자랑에 모든 것이 무너지고 고통을 겪게 됩니다.

과거에는 가난한 사람을 '불운'한 사람이라 했다고 합니다. 하지만, 지금은 가난한 사람을 '실패자'라 낙인찍습니다. 철저히 본인의 무능의 결과라고 단죄하는 것입니다. 그런데 그러한 단죄는 대부분 능력이 아닌, 운이 좋아 성공하거나 부자가 된 자들에 의해 이루어집니다.

삶의 본질이 비극임을, 십자가의 길임을 잊게 하고, 모든 것이 능력주의에 기반하는 것으로 세뇌하고 몰아가는 사회에 의해 우리 다수는 영문도 모를 고통에서 헤어 나오지 못하게 됩니다. 일부는 끊임없는 자기비하에서 벗어나지 못하고 자살을 시도하기도 합니다.

노력한다고 모든 것이 이루어지지 않습니다. 24시간을 노력해도 부도수표를 받아 실패하고, 24시간 일을 해도 느닷없는 경제공황으로 망하고, 24시간 애를 써도 자연재해로 망하기도 합니다. 이러한 불운은 도처에 존재합니다.

삶의 본질이 비극임을, 그리고 십자가의 길임을 이해해야 합니다. 그 오래 전 그리스인들도 알았던 삶의 진리를 수 천 년 문명의 발전 이후 현대인들이 이해를 못하고 있다는 것은 인류역사의 아이러니입니다. 인간을 더욱 어리석게 만드는 것이 문명의 진보라면 우리는 진보를 제대로 이해하지 못하고 있는 것입니다. 진정한 진보란 물질의 영역이 아닌, 정신의 영역에서 이루어져야 합니다.

살아가면서 자기 자랑을 하지 말아야 합니다. 자기 자랑은 타인의 생명에 직접적인 해를 가하는 가장 큰 악행입니다. 대신 십자가의 길을 나누어야 합니다. 자신의 고난과 고통을 공유하는 것입니다. 그것은 비슷한 고난과 고통을 겪고 있는 이들에게는 상처를 치유할 수 있는 별이 됩니다.

생명에는 필연적으로 고통이 수반됩니다. 지금 현대인의 삶은 페이스북 등을 통해 좋은 음식, 좋은 옷, 좋은 순간, 좋은 만남 등만을 전시하고 보기 때문에 더욱이 비극으로써의 삶의 본질을 이해하지 못합니다. 타인의 전시에 비교해 자기만 불행에 빠져 있다고 생각하여 자살율도 높습니다. 하지만, 모두 빙하의 일부만 애써 밖으로 태연한척 보일 뿐, 그 안에는 크나 큰 고통의 심연을 안고 있을 뿐입니다.

20대는 우월감과 열등감 사이에서 감정변화의 진동 폭이 매우 큰 시기입니다. 우월도 아닌 열등도 아닌, 있는 그대로의 자신을 대면해야 합니다. 삶의 진실과 인간으로써 요구되는 자세에 대해 생각해보아야 합니다.

세계를 두루 경험하며 다양한 삶을 관찰해 나가는 과정에서, 자기 자랑과 십자가의 길에 대해서 사색해보길 바랍니다. 그리고 돌아온 이후 자신의 길에 적용하길 기대합니다.

07
불안과 안빈

　　　　　　　　　한국인들은 끊임없는 불안에 잠겨 있습니다. 누구를 만나도 불안해합니다. 가지지 못한 자는 물질적 결핍으로 불안해하고, 가진 자는 그것을 잃을까 불안해합니다. 사회안전망이 부족한 한국의 현실은 가지지 못한 자들을 불안하게 하고, 예측 불가한 주기적 경제공황과 경기파국은 가진 자들도 불안하게 하는 것입니다.

사회 구성원 한 명 한 명이 깨어 있어, 사회안전망 구축을 위해 정치적 노력을 기울여야 합니다. 워킹홀리데이로 대부분 선진국을 경험하게 되니, 사회안전망으로 인해 불안 없는 삶을 사는 이들을 직접 보고 많은 아이디어를 얻을 수 있습니다. 그와 더불어 개인으로써는 안빈에 대한 철학과 실천을 해야 합니다.

류시화 시인이 번역하여 소개한 [조화로운 삶]의 저자 니어링 부부는 1932년 미국 대공황의 불합리한 상황에 저항하는 마음으로 뉴욕에서 버몬트 외딴 산골로 이사를 했습니다. 그곳에서 심각한 문제를 안고 있는 세계에 인간으로써 올바르게 살아가는 본보기를 보여주기 위해 시골에서 안빈의 삶을 실천합니다. 부부는 그곳에서 행복하고 건강한, 그리고 1년 중 여섯 달의 여가와 여행을 즐기는 삶을 살았습니다.

안빈의 전통은 헨리 데이비드 소로우로 거슬러 올라갑니다. 소로우는 월든 호수에서 안빈의 삶의 모범을 보였는데, 소로우의 사상은 후일 톨스토이와 간디에게 큰 영향을 미치게 됩니다.

우리나라에도 안빈의 전통을 많이 찾아볼 수 있습니다. 구차하고 궁색하면서도 그것에 구속되지 않고 평안하게 즐기는 마음으로 살아가는, 가난에 구애받지 않고 도를 즐길 수 있는 경지를 노래한 많은 가사와 시조를 흔히 접할 수 있습니다.

최근 한국에 안빈에 관련된 여러 사회적인 활동이 일어나고 있는 것을 보고 있습니다. 방세가 저렴한 낙후된 지역에서 함께 하우스메이트를 하면서 생활비를 아끼고, 지역 환경을 청결하게 하는 운동이나, 월 70만 원으로 살아보는 체험을 하는 공동체 운동도 있습니다. 이에 대해 연세대 조한혜정 명예교수는 다음과 같이 평하고 있습니다.

"월 70만 원만 있으면 굶어죽지 않는다고 하면 두려울 게 없어집니다. 재벌가 자녀 중에서도 가족과 떨어져 지내고 싶은데 자립할 방법을 모

르는 청년이 있을 거예요. 그렇게 계속 살면 재벌집도 지옥이죠. 그렇지만 어디든 가서 살면 살아지고, 새로운 관계가 만들어진다고 하면 숨을 쉴 수 있잖아요. 그런 모델이 많아지면 국가도, 자본도 두렵지 않은 막강한 힘을 시민이 갖게 되는 겁니다."

조 명예교수는 한발 더 나아가 그러한 체험을 바탕으로 물질적 기준의 선진국이 아닌, 정신적 능력과 행복의 기준으로 한국이 "선망국(先亡國)이 되어 인류에 해법을 제시하자."라고 역설하고 있습니다.

우리의 청년 워홀러들은 워킹홀리데이 생활에서 월 70만 원 보다 적은 돈으로 살아보는 경험을 할 수도 있고, 농장에서 농사 경험을 해볼 수도 있습니다. 이러한 경험을 바탕으로 국가도 자본도 두렵지 않은 막강한 힘을 가진 시민으로 성장해 나갈 수 있는 것입니다.

열심히 노력해서 물질도 편리하게 향유하는 삶을 살면 좋을 것입니다. 하지만 우리는 물질이 없어도 행복하게 살 수 있어야 합니다. 까닭 모를 불안과 공포 속에서 끊임없이 이리저리 휘둘리며 살아갈 수는 없습니다. 특히 앞으로는 저성장 시대가 우리를 기다리고 있습니다.

사회적으로는 깨어있는 시민으로서 사회안전망 확보에 노력하고, 개인으로는 안빈의 철학과 자세를 연습하여, 오래지 않아 한국이 세계에서 선망국이 되고, 인류에 새로운 삶의 모습을 제시할 수 있기를 기원해봅니다.

08
공정과 꼼수

피터 싱어는 다음과 같은 말을 했습니다.

> 두 사람 혹은 그 이상의 사람들이 각각 충분한 정보를 알고 있는 상황에서 합리적으로 숙고한 끝에 '자신만의 이익'을 추구하는 경우, 그들 모두가 '덜 자기 이익 중심적인 방식'으로 행동하는 것보다 더 나쁜 상황에 도달하게 된다.

즉, 자기만의 이익을 추구하는 경우 결국에는 자기에게도 더 나쁜 상황에 도달하게 된다는 것을 말합니다.

살아가면서 공정함을 유지하면 손해가 오고, 부정한 꼼수에 가담하면 이익이 되는 상황에 마주치는 경우가 있습니다. 이때 대부분은 '먹고 살아야 하고, 부양해야 할 처자식이 있고……'라는 자기합리화 속에서 수동적으로 용인하거나 소극적으로 가담을 하게 됩니다. 그중에는 '이번 기회에 크게 한탕……' 하면서 적극적으로 공모하는 이들이 있습니다.

힘없는 일개 시민으로서 수동적 용인에는 연민이 생길 수도 있습니다. 가담이나 공모는 범죄이니 따로 논할 필요는 없지만, 숙고 끝에 자신의 이익을 추구한 이 모든 경우가 결국에는 본인과 가족에게 훨씬 더 나쁜 영향을 준다는 것입니다. 사회가 병들어 버리면 그 안에서 누구도 이익이나 행복을 얻을 수 없기 때문입니다.

아직 사회 진출 전인 청년들은 앞으로 누가 위와 같은 상황에 처할지 알지 못합니다. 그러니 미리부터 다짐을 해보았으면 합니다. 부정을 강요당하는 상황에 처하더라도 꼼수에 가담하지 않고, 자신이 설령 피해를 보더라도 공정을 유지하겠다는 다짐입니다. 검사가 되더라도 언론인이 되더라도 공직자가 되더라도 기업에서 일을 하더라도 부정에 굴복하지 않고, 부정에 가담하지 말아야 합니다. 그것이 궁극적으로 사회 전체의 발전을 가져오니 궁극에는 본인과 가족에게도 이익을 가져옵니다.

물론 공정과 꼼수 사이에서 선택해야 하는 상황에 처해 공정을 선택하거나, 또는 내부고발자가 되어 생계에 피해를 보는 것은 안타까운 일입니다. 그것을 위해서 공정을 선택한 이유로, 내부고발자가 되었다는 이유로 피해를 본 사람들을 구제하는 재단이 설립되었으면 하는 바람을 가져봅니다. 모두가 적당히 기부를 하여 공정함을 선택한 이들의 생활과 법률서비스 등을 일정 기간 지원한다면 우리 모두 꼼수가 아닌, 공정을 과감하게 선택하고 실천해 나가는 데 도움이 될 것입니다.

이 책을 쓰는 동안 박근혜, 최순실 게이트로 온 나라가 시끄러웠습니다. 그들의 저열함도 문제지만, 일개 최순실이라는 인간이 그렇게 호가호위할 수 있었던 것은 우리 모두가 부정에 굴복할 수밖에 없을 정도로 연약했고, 사회적으로 그것을 지켜줄 안전망을 갖지 못해서입니다.

공정을 선택할 수 있는 강한 개인이 되어야 하며, 사회적으로 그러한 이들을 지켜줄 안전망을 만들어야 합니다. 그들을 구제할 재단이나 기타 공정을 위해 희생한 이들을 위한 복직제도, 명예보상 제도를 만들어야 합니다.

병든 사회에서는 어떤 개인이나 조직도 온전한 정신과 정상적인 삶을 유지할 수가 없습니다. 사회가 병들지 않기 위해 꼼수가 아닌 공정함을 지켜나가는 우리가 되었으면 합니다.

09
교만과 겸손

여러 종교와 성인들이 가장 피해야 할 인간의 자세로 교만을 이야기합니다. 교만이라는 자세는 불행의 원천입니다.

교만은 '내가 해냈다.', '내가 할 수 있다.'라는 자세입니다. 그런데 인간이라는 한 개체가 할 수 있는 일은 없습니다. '내가 해냈다.'라는 것은 오해일 뿐입니다. 자세히 들여다보면 그것은 사회적 관계, 시대적 배경 등으로 인해 내가 갖게 된 행운일 뿐이기 때문입니다.

빌게이츠와 워렌버핏은 강연에서 자신들의 성공은 미국이라는 사회에 태어났기 때문에 이룰 수 있었고, 시대의 도움이 있었기 때문에 이룰 수 있었다고 말합니다. 그리고 그들이 가진 부도 온전히 자기 것이라 하지 않고 막대한 기부활동을 펼치고 있습니다.

큰 성공을 거둔 프로야구 선수가 있다고 가정해봅시다. 그가 자신의 성공을 자신만의 피땀 어린 노력으로 이루었다고 말한다면 이는 교만에 해당됩니다. 스포츠 선수 중에는 그 사람 보다 더 피땀 어린 노력을 하고도 비인기종목이라는 이유로 성공을 거두지 못한 이들이 많습니다. 그 선수가 성공할 수 있었던 것은 야구라는 종목이 있었기 때문이고, 많은 프로야구 팬들이 있기 때문입니다. 만일 야구라는 종목이 없다면 그 선수는 그저 돌팔매질이나 방망이질을 잘 하는 사냥꾼이 되었을 수 있고, 야구를 좋아하는 팬들이 없다면 훨씬 더 노력하고도 지금의 1/100의 수입밖에 얻지 못했을 것입니다.

자신에게 주어진 행운이 있다면 그러한 행운을 갖게 된 모든 것에 감사하는 마음을 가져야 합니다. 행운이 없더라도 불운이 적음에 감사해야 합니다. 감사는 인생을 성공으로 이끌고 행복한 상태로 만들어 주는 진정한 내면의 승리입니다.

한국은 급속도로 자본주의를 발전시키다 보니 그에 따른 윤리가 형성되지 못해 교만한 인간이 많습니다. 자산가치가 올라가 부자가 되어도, 상속으로 부자가 되어도 자신의 능력으로 이룬 것이라 주장하기도 합니다. 심지어 이화여대 부정입학으로 세상을 떠들썩하게 한 이는 버젓이 '능력 없으면 니네 부모를 원망해. 돈도 실력이야.'라며 세상을 조롱하기도 했습니다.

인간의 실패, 추락은 대부분 교만으로 인한 것입니다. 교만을 경계함은 단순히 윤리적 자세만의 문제는 아니며, 몰락을 방지하기 위함이기도 합니다.

20대는 작은 성공이나 행운으로도 교만에 젖어들기 쉬운 시기입니다. 교만을 경계하여 큰 추락을 방지하고, 감사의 훈련으로 위대한 내면의 승리를 얻기를 바랍니다.

10
평화와 발전, 남북화합

다양한 시대에 다양한 세대들이 살아가고 있는 인류에서 행운의 세대를 꼽으라면 단연 전쟁을 겪지 않는 세대라고 할 수 있습니다. 그처럼 전쟁은 인간 삶의 최악의 조건만을 종합적으로 담은 지옥이기 때문입니다.

지금 한민족에게 최우선적인 일은 평화를 정착시키는 것입니다. 우리의 삶에 전쟁을 방지하는 것 이상으로 중요한 과제는 없습니다. 전쟁이 발발하는 순간 모든 것은 일순간에 파괴되기 때문입니다. 전쟁이 발생한다면 우리와 우리의 자녀들은 핍박받고 굶주리며 유럽을 떠도는 시리아 난민 같은 처지가 될 것입니다.

사람들은 미국이 우리의 친구라느니, 경제에서는 중국이 더 친구라느니 말을 하는데, 국가 간에 친구라는 개념은 없습니다. 모두 자국의 이익만을 추구할 뿐입니다. 한반도 전쟁이 미국과 중국, 일본, 러시아의 국익에 도움이 된다면 그들은 얼마든지 전쟁을 일으킬 수 있습니다. 제조업 강국인 한국이 쑥대밭이 되면 각자 챙길 수 있는 이익들이 많기 때문입니다.

그럼에도 남북한은 주변 국가들의 역학구조 속에서 여전히 서로를 적대시하고 있습니다. 언제든지 한번 붙어보자며 자존심 대결이나 펼치고 상대조차 하지 않고 있습니다. 너무도 어리석은 일들이라 억장이 무너질 일입니다.

남북한의 관계에서는 누가 먼저랄 것도 없이 먼저 다가가 상대를 이해하고 감싸 안아야 합니다. 그 역할은 북한보다 월등한 경제력을 보유하고 있는 우리에게 더욱 요구되는 자세이기도 합니다. 우선 북한의 이미지를 국민들에게 미치광이 이미지로 몰아가지 말아야 합니다. 여러 세계 석학과 미국의 뉴욕타임즈 같은 신뢰받는 언론에서도 북한은 철저한 계산으로 움직이는 합리적 국가라 말하고 있습니다.

우리도 평화와 발전을 위해 철저히 합리적인 계산으로 북한을 대해야 합니다. 그러기 위해서는 북한의 사회기반시설 건설과 식량 등을 지속적으로 지원해야 합니다. 인적교류도 더욱 활성화해야 합니다. 지원과 인적교류가 활성화 된다면 남북한 정권의 호전성에 관계없이 아래로부터 굳건한 평화의 싹을 틔울 수 있습니다. 지원은 퍼주기가 아니며, 모두 우리의 발전으로 되돌아오는 투자입니다.

무엇보다 남북평화와 교류가 중요한 이유는 한국이 사회적, 경제적으로 직면한 여러 위기들을 남북관계를 통해서 해소할 수 있기 때문입니다. 남북교류는 우리가 일본식 경제무력감의 장기터널로 가지 않고, 새로운 발전의 길로 가는 것을 의미합니다. 세계적인 투자 귀재들은 자신들의 전 재산을 통일한 국에 투자하고 싶다고 말하고 있습니다.

과거부터 유럽과 일본을 잇는 철도 운송로가 남북한을 가로지를 수 있도록 하는 계획, 러시아로부터 가스관 연결, 남북평화협정으로 한반도가 동북아의 물류, 금융, 국제기구의 허브 국가가 되는 계획 등 여러 청사진이 그려져 왔는데, 끊임없이 퇴보만 하고 있으며, 그 기회를 중국, 러시아, 일본 등에게 모두 빼앗기고 있습니다. 이대로 가다가는 북한경제는 중국에 흡수되어 북한이 중국의 동북삼성 같은 일개 성이 되어 버릴지도 모를 일입니다.

세계를 두루 다니며 한국인으로서 가장 부끄러운 점은 아직도 남북한이 교류하지 않고, 돕지도 않고, 적대시 하고 있다는 것입니다. 이것처럼 내가 한국인이라는 사실이 열등감으로 느껴지는 순간은 없습니다.

20대에게는 남북문제가 더욱 중요합니다. 지금 정체된 경제 활력을 남북교류로 해결할 수 있기 때문입니다. 남북교류 속에서 역동적인 발전의 시대가 돌아온다면 20대에게는 많은 일자리와 무한한 활동의 기회가 제공될 것입니다.

우리는 동족상잔의 비극을 겪었습니다. 하지만, 그것이 일제에게 수십 년간 식민통치를 당하고, 동물 같은 노동수탈을 당하고, 인체실험의 마루타를 당한 것 보다 더 심한 증오일 수는 없습니다. 지금 일본과는 자유롭게 왕래하고 지진, 쓰나미 피해 때 온 국민이 의연금 모금을 하면서, 동족끼리는 왕래조차 못 하고 수해나 가뭄으로 굶어 죽어가는 데도 돕지 않는 것은 무엇으로도 변명하지 못할 어리석음입니다.

통일까지는 바라지도 않습니다. 통일은 평화와 교류의 결과물로써 서서히 완성되는 것이지 인위적 노력으로 단기간에 성취될 수 있는 것도 아닙니다. 그저 평화와 교류만이라도 한걸음씩 전진했으면 합니다. 그리고 그것은 우리의 삶의 안전, 행복지수, 경제적 발전에 무엇보다 중요한 조건임을 우리 모두가 깨달았으면 합니다.

11
새로운 시대 새로운 인간

　　　　　　　　　　앞서 추천했던 장준하 선생의 [돌베개] 속의 이야기입니다. 장준하 선생을 포함한 일제에서 탈영한 한국 젊은 이들이 중국대륙을 가로질러 중경 임시정부에 합류하게 됩니다. 감격의 기념식에서 김구 선생님이 격려사를 하게 됩니다.

> '오랫동안 해외에 나와 있었기 때문에 국내 소식에 아주 감감합니다. 그동안 일제의 폭정 밑에서 온 국민이 모두 일본인이 될 줄 알고 염려했더니, 그것이 한낱 나의 기우라는 것을 깨닫게 되었습니다.'

이 책을 쓰던 시기는 박근혜, 최순실 게이트로 인해 매주 토요일 광화문에서 100만 촛불집회가 연이어 열리던 시기입니다. 촛불집회에 참여해보니 너무도 많은 10대 청소년, 20대 청년들이 나와 있는 것을 보고 위의 장면이 떠올랐습니다.

'오랫동안 이명박, 박근혜의 폭정 밑에서 온 국민이, 특히 젊은이들의 의로움이 죽어버린 줄 알았더니, 그것이 한낱 나의 기우라는 것을 깨닫게 되었습니다.'

지난 두 정권의 불의, 부정, 부패, 폭압, 남북관계 파탄 등을 겪어 오면서 너무도 답답하여 청년들이라도 좀 나서서 데모라도 해주었으면 하는 바람이 있었습니다. 그런데, 분연히 200만의 청년들이 일어서고, 촛불 평화집회라는 멋진 축제를 연출하는 것을 보며 큰 감동을 느꼈습니다.

우리에게 10년의 억압과 퇴행이 있었지만, 그것은 오늘의 큰 사건을 잉태하기 위해 있어야 할 일이었다는 생각을 하게 됩니다. 온 나라가 크게 놀라고 반성하게 되었으니, 이제는 어떤 정권이 권력을 잡아도 지난 시간들의 부패와 폭압은 생길 수 없으리라 믿습니다.

지금 한 시대가 저물어가고 있는 것을 느낍니다. 과거의 것들이 추억으로 단절되고, 새로운 것들이 잉태되는 것을 느낍니다. 멀리 떠나온 비인간적 삶에서 다시금 인간으로써의 삶으로 돌아가는 것을 느낍니다.

새로운 시대, 새로운 삶의 문화를 바로 우리 20대가 선봉에 서서 만들어 낼 수 있으리라 믿습니다. 혹독한 환경에서 스스로 노동하며 살아온 삶의 수고는 기성세대와는 완전히 다른 새로운 가치를 만들어 낼 수 있으리라 믿습니다.

해외도전 조차 스스로의 힘으로 벌어서 독립적으로 다녀오는 20대는 더욱 당당하게 세계 속에서 좋은 가치를 선별해 모을 것이고, 그것을 우리의 좋은 것과 결합해 이 땅에 새로운 문명으로 창조해 나갈 것이라 믿습니다.

여러분은 고난 속에서도 피어나는 꽃입니다. 그 꽃향기가 곳곳에 퍼질 때까지 열렬히 응원하며 함께 하겠습니다.

고생스러운 워킹홀리데이지만, 멋지게 다녀올 것을 믿습니다.

늘 건투를 기원합니다!